U0679641

浙江理工大学学术著作出版资金资助（2022 年度）

浙江省习近平新时代中国特色社会主义思想研究中心浙江理工大学研究基地资金资助

AN INTERNATIONAL POLITICAL
ECONOMY ANALYSIS OF
AMERICAN FOREIGN TRADE

美国对外贸易的
国际政治经济学分析

邓安能 / 著

ZHEJIANG UNIVERSITY PRESS
浙江大学出版社

图书在版编目（CIP）数据

美国对外贸易的国际政治经济学分析 / 邓安能著
. -- 杭州：浙江大学出版社, 2022.5
　　ISBN 978-7-308-22498-7

　　Ⅰ. ①美… Ⅱ. ①邓… Ⅲ. ①对华政策—对外贸易政策—研究—美国 Ⅳ. ①F757.128.2

中国版本图书馆CIP数据核字（2022）第060357号

美国对外贸易的国际政治经济学分析

邓安能　著

策划编辑	吴伟伟
责任编辑	丁沛岚
责任校对	陈　翮
封面设计	春天书装
出版发行	浙江大学出版社
	（杭州市天目山路 148 号　邮政编码 310007）
	（网址：http://www.zjupress.com）
排　　版	浙江时代出版服务有限公司
印　　刷	广东虎彩云印刷有限公司绍兴分公司
开　　本	710mm×1000mm　1/16
印　　张	11.75
字　　数	186千
版 印 次	2022年5月第1版　2022年5月第1次印刷
书　　号	ISBN 978-7-308-22498-7
定　　价	58.00元

版权所有　翻印必究　印装差错　负责调换

浙江大学出版社市场运营中心联系方式：（0571）88925591;http://zjdxcbs.tmall.com

序

即将付梓的这本学术专著《美国对外贸易的国际政治经济学分析》,是邓安能博士在国际关系研究中关注并长期研究的最新学术成果,即美国对外贸易问题中的国际关系思考。邓安能是一个善于思考、勇于探索的青年学者。我曾是他的硕士生导师,他的硕士专业是国际关系,在学习中他始终对国际关系中政治与经济的相互关系高度关注,而这成为他读研期间最早萌动的学术兴趣之一。那时起,对国际关系政治与经济的分析与探讨就成为邓安能学术研究和继续深造时持续的学术兴奋点,他在这一领域积累了不少研究体会和学术成果。邓安能的硕士论文曾涉及国际关系政治经济学这一主题,之后他在学术研究和继续深造中对这一领域的关注更为深入和持续,尤其是对美国对外贸易在国际关系政治经济中的特殊地位表现出更多的研究热情。即将付梓的这本学术专著是邓安能对上述主题长期关注和持续研究的成果,承载着他多年学术研究的创新成果,期待引起学术界的关注和读者的兴趣。

近两任美国政府,尤其是特朗普政府,在对外关系中越来越频繁地利用贸易手段达到经济和战略目的,不仅对中国、俄罗斯等国如此,对其传统盟友日本、加拿大、欧盟等也是如此。美国对外贸易问题一时成为国内外世界经济研究领域的热点之一。近两三年来，新冠肺炎疫情的肆虐导致大部分国家的进出口贸易受到影响和阻碍，对全球产业链的正常运作造成巨大冲击，给世界经济的有序发展带来严峻挑战。邓安能在这一重要时间节点上构思和执笔，其作之时效性和针对性十分明晰，可以说是对国内外学术研究热点的一种有效追踪和应对挑战的学术尝试。

邓安能的新作以国际政治经济学的理论视角来研究美国对外贸易政策。他的研究路径是以自己对国际政治经济学理论的理解为分析框架，探讨一般国际贸易行为的国际政治功能，然后循序研究美国对外贸易行为的国际政治功能。该书分析了当代国际关系中的经济政治互动现象，其中包括当代国际贸易行为的国际政治功能，并对战后美国对外贸易的经济与政治因素做了深入评析。可以说，该书集中了作者最新的研究成果，其在写作中也尝试以美国对华贸易为实例来分析自新中国成立以来美国的对华贸易行为，从中得出美国对华贸易的政治与战略意图的实证结论。

也许，邓安能在国际政治经济学理论视角下长期从事美国对外贸易研究得出的若干研究成果，可以为感兴趣的学者和读者给出有益和有效的学术提示。

杨　烨（同济大学教授）

2022 年 1 月 19 日　上海

前　言

　　全球化时代,贸易兴则经济兴,贸易衰则经济衰,这已成为各国政府和学术界的共识。自古以来,发展对外贸易就是各国发展经济的主要措施,它可以有效弥补一国资源不足的缺陷,促进世界各地资源互补和资源优化配置。二战以来,随着关税与贸易总协定和世界贸易组织的成立,全球贸易发展迅速。当前,在世界多边贸易体制的支持下,贸易已名副其实成为全球经济增长的重要引擎。

　　随着全球化的深入推进,美国作为当今世界唯一的超级大国,其对外贸易不仅某种程度上决定着本国经济发展走向,还会对其主要贸易伙伴,乃至全球经济产生重要影响。因此,各国政府和国际组织十分关注美国各届政府的对外贸易政策,学术界也开始加大对美国对外贸易政策的研究力度,并产生了大量研究成果,为各国政府制定相应的对美贸易政策提供了理论支持。

　　确实,当今世界,任何国家的经济发展都离不开与外界的经济联系,这是生产力发展的必然结果。然而,一国对外经济政策的制定离不开当代国际政治经济格局。二战后,美国制定国际经济规则并主导世界经济的整体走向,各国必须承认并客观看待这一现实。也就是说,在当前世界政治经济格局下,各国需要深入研究美国的对外经济政策,尤其是对外贸易政策,以为本国经济发展创造良好的外部环境。改革开放以来,我国经济发展取得了举世瞩目的成就,其中对外贸易的发展起了巨大的推进作用。长期以来,消费、投资和出口构成拉动我国经济增长的"三驾马车"。党的十九大报告强调"开放带来进步,封闭必然落后。中国开放的大门不会关闭,只会越开越大",并提出"拓展对外贸易,培育贸易新业态新模式,推进贸易强国建设"的新要求。① 自 2001 年加入世界贸易组织以来,我国对外贸易得到飞速发展,经济的外向型特征越来越明显。在我国对外贸易格局中,美国始终处于重要位置,当前美国已是我国的重要贸易伙伴和最大贸易顺差国。因此,研究当代美国对外贸易的主题对于我国在对外贸易交往中赢得战略主动,推进贸易强国建设具有重要学术价值。

当前,国内学术界对美国对外贸易的研究达到了高峰,产生了许多研究成果,使人们对当代美国对外贸易有了时代的新认识,同时也看到了与美国的贸易关系对于中国改革开放和社会主义现代化建设的重要性。然而,全面梳理国内外相关研究文献可以发现,目前的研究以国际关系、国际贸易学、国际经济学等学科为主,即以这些学科的理论方法为指导,对美国对外贸易进行深度解析。本书研究的创新之处在于,运用国际政治经济学学科理论方法,研究二战后美国的对外贸易,并以此为大背景,深入分析美国对华贸易行为背后的深层次因素。也就是说,一方面,以国际政治经济学的学科理论

① 习近平:《决胜全面建成小康社会 夺取新时代中国特色社会主义伟大胜利——在中国共产党第十九次全国代表大会上的报告》,人民出版社 2017 年版,第 34-35 页。

为支撑,在国际经济政治互动现象下,探讨美国对外贸易问题,做到理论与实践的相统一;另一方面,在美国对外贸易的大背景下,分析美国对华贸易的深层次因素,做到一般与特殊的相结合。

本书的逻辑思路是,首先,从国际政治经济学理论出发,阐述国际政治经济学的形成过程、理论流派和分析路径,为分析美国对外贸易提供理论分析框架。其次,分析当代国际关系中的经济政治互动现象,包括国际贸易行为的国际政治功能。再次,对战后美国对外贸易的经济与政治因素作出深入评析。最后,本书以美国对华贸易为实例分析自新中国成立以来美国对华贸易行为,从中得出美国对华贸易的政治与战略意图。因此,本书研究的逻辑思路呈现层层递进、步步深化的关系。

目　录

第一章

国际政治经济学理论概述

国际政治经济学是政治学和经济学结合后产生的关于世界格局中政治因素与经济因素相互作用、相互渗透、高度交织的学科,国际经济现象政治化、国际政治现象经济化问题是该学科研究的基本课题。国际政治经济学在分析当代国际经济政治互动现象时,实质上是一种理论分析框架。国际政治经济学不同的流派有不同的理论观点和分析框架,分别以不同的理论范式来解析当代国际关系中的经济政治互动现象。本章对国际政治经济学三大理论的观点做了系统梳理,并选择其中的现实主义流派理论作为分析美国对外贸易的理论框架。

第一节　国际政治经济学的发展历程

西方国际关系理论自 20 世纪 70 年代以来最重要的发展成果就是产生了国际政治经济学（international political economy，IPE）这一新兴学科。国际政治经济学又称世界政治经济学、全球政治经济学、相互依存政治经济学，国际经济与国际政治的相互关系是其研究的重点。概括来说，国际政治经济学是有关世界事务和国际关系的一门学科，是政治学与经济学的一种合成。或者说，国际政治经济学是政治学和经济学结合后产生的一种有关世界事务和国际关系的理论学科。它的研究对象极为广泛，包括世界范围内的政治行为与经济行为的相互关系、经济制裁与政治动机、全球经济改革与世界政治趋势等等。国际政治经济学鼻祖苏珊·斯特兰奇（Susan Strange）指出："国家即指政治，市场即指经济，国际政治经济学的本质是'国家与市场'的关系。"[①]

[①] 张建新、王雪婷：《苏珊·斯特兰奇的国际政治经济学思想及其理论启示》，《复旦国际关系评论》2016 年第 1 期。

　　国际政治经济学的形成经历了一段曲折的过程,从萌芽、分裂到最终确立。关于世界政治与世界经济的关系,早在15世纪至18世纪的重商主义时代,就有不少学者进行过研究。19世纪,亚当·斯密(Adam Smith)、约翰·穆勒(John Mill)和卡尔·马克思(Karl Marx)等都曾写过政治经济学相关著作。他们认为,生活中的经济绝不纯粹是"经济",它更是一种政治现象;而政治过程的后面永远包括经济因素。他们所研究的政治经济学,是政治过程与经济过程的互动,如政治与市场、政治斗争与经济变革等现象之间的特殊联系。① 纵观世界历史,国际经济背后总有政治因素,生产、分配、交换和消费都会或多或少地受到外交和战略因素的影响。可以说,国际政治体系的结构与运行决定着国际经济体系的结构与运行。在重商主义时代,民族国家得到了进一步发展,英国、西班牙、法国、普鲁士、俄国出现新的中央集权的政治体制,对经济结构产生深刻影响,经济领域成为政治冲突的主要舞台。各国的政治追求主要通过国家经济力量的增长来实现,政治冲突往往表现为经济竞争,各国根据政治需要调节经济关系,政治和经济的关系日益密切。

　　纵观人类社会知识演进的历史脉络,学科之间的分化与组合作为两个并行不悖的过程同时取得进展,从而推动社会科学在整体上不断取得重大进步。从19世纪后期到20世纪前期,社会科学研究领域出现了一种趋势,即学科和专业逐渐分化、细化,政治经济学作为一门重要的社会科学也分化为政治学与经济学两门学科。20世纪初,与社会管理学中政治与经济相互交

---

　　①　杨曼苏:《国际关系基本理论导读》,中国社会科学出版社2001年版,第224页。

叉的现象相背,国际关系研究中的政治与经济被相互分离和孤立。政治学和
经济学按照各自独立的学科发展,讨论各自不同的问题,导致国际关系中一
些相互交织、相互影响的共同问题在很大程度上被忽视了。因此,国际政治
经济学被分割为国际政治学和国际经济学。[①]造成割裂状态的主要原因,是
处于支配地位的自由主义思潮摒弃重商主义的传统观点,认为政治和经济
应属两个彼此独立的学科。经济关系的基础是生产和分配等因素,受自然规
则制约,其中存在某种自然和谐,只有在不受政治干预的情况下,才能保持
自然和谐;而政治关系由权力和影响构成,不受自然法则制约,极难存在自
然和谐。这就是导致国际政治与经济关系研究被孤立起来的原因。[②]

　　第二次世界大战后,一系列重大国际事件改变了经济与政治研究彼此孤
立的状态,其中最重要的国际事件是布雷顿森林体系的形成。1944 年 7 月,
布雷顿森林会议通过了《国际货币基金协定》和《国际复兴开发银行协定》,
随之于 1945 年 12 月 7 日同时成立了国际货币基金组织和国际复兴开发银
行(世界银行)。1947 年 10 月 30 日,美国等 23 个国家在日内瓦签订了《关
税与贸易总协定》。至此,战后的"关税与贸易总协定—国际货币基金组织
体制"正式形成,在世界范围内开始出现国际经济和政治相互依存的趋势。
英国著名学者苏珊·斯特兰奇曾深刻地分析了国际政治经济学崛起的原因。
她指出,在 20 世纪 70 年代,人们目睹了越战后美国世界经济霸主地位的相
对下降和严重的石油危机,看到了隐藏在其后的世界政治格局变动趋势。20

　　① 冯绍雷、潘世伟、范军等:《国际关系新论》,上海社会科学出版社 1993 年版,第 193 页。

　　② 倪世雄:《当代西方国际关系理论》,复旦大学出版社 2001 年版,第 347 页。

世纪 80 年代的全球性债务危机更是加强了政治经济的互动,世界经济研究和世界政治研究间旧的分界被冲垮。人们逐渐认识到,分析国际关系必须将政治与经济结合起来研究。近年来,国际形势又发生了一系列新的变化。没有一个简单的、现成的政治学定理或经济学法则可以就冷战的结束、各国经济与世界市场的一体化趋势,以及第三世界作为一种联合力量的解体给出令人满意的说明。所以,必须通过历史的、全面的、多学科的途径来解释国际关系领域出现的诸多问题。[①]

20 世纪 60 年代后期至 70 年代中期,反映国际政治与国际经济相结合的新学科——国际政治经济学应运而生,用琼·斯佩罗(Joan Spero)的话来说就是"国际政治经济学在世界政治与世界经济之间的鸿沟上架起了一座桥梁"[②]。20 世纪 70 年代国际政治经济学形成时期的标志性著作包括:苏珊·斯特兰奇的《国际政治经济学导论:国家与市场》(1970 年)、罗伯特·吉尔平(Robert Gilpin)的《美国实力与多国公司:对外直接投资的政治经济学》(1975 年)、琼·斯佩罗(Joan Spero)的《国际经济关系的政治学》(1977 年)和丹尼斯·皮雷奇斯(Dennis Pirages)的《国际关系的新内容:全球经济政治学》(1978 年)。1970 年,美国麻省理工学院的金德尔伯格(Kindleberger)教授撰写的《权力与金钱:国际政治的经济学和国际经济的政治学》一书最早涉及这一问题。丹尼斯·皮雷奇斯的著作《国际关系的新内容:全

---

① 杨曼苏:《国际关系基本理论导读》,中国社会科学出版社 2001 年版,第 225 页。

② Joan Spero.*The Politics of International Economic Relations.* New York:St.Martin's Press, 1985, preface.

球经济政治学》则第一次明确地使用了"全球经济政治化"的表述,这是美国学者对当代国际关系中出现的国际经济关系在国际政治的影响下,越来越成为实现国际政治目标的有效手段这一现象的第一次高度概括和提炼。20世纪80年代可以说是国际政治经济学的时代,这一阶段的国际政治经济学研究开始打破国家间的学科界限,进而在国际政治经济与国内政治经济之间架起了一座桥梁,形成了所谓的"全球政治经济学"。代表性的著作主要有:罗伯特·基欧汉(Robert Keohane)的《霸权之后:世界政治经济中的合作与纷争》(1984年)、戴维·鲍德温(David Baldwin)的《国家的经济手段》(1985年)以及理查德·罗斯克兰斯(Richard Rosecranse)的《贸易国的兴起》(1986年)等等。

第二节　国际政治经济学的理论流派

当代国际经济政治互动问题属于国际政治经济学研究的基本范畴。国际政治经济学源自政治经济学,是政治经济学在国际领域的表现。政治与经济两个元素的相互作用产生了政治经济学。"现代世界'国家'与'市场'的共存及其相互作用产生了政治经济学,没有国家与市场,就不可能有政治经济学。"① 从历史上看,政治与经济的相互影响一直都是存在的。但是,在

---

① 罗伯特·吉尔平:《国际关系政治经济学》,杨宇光译,上海人民出版社2006年版,第6页。

当代世界,二者相互作用的方式却发生了根本性转变。民族国家基本上取代了以前的政治组织形式,如城邦、帝国等等,而市场则成为组织经济关系的基本形式。"国家"与"市场"这两种形式交织在一起,相互作用,逐渐成为决定现代世界国际关系性质与动力的关键因素。正是现代世界"国家"与"市场"的相互作用产生了政治经济学。[①]

在西方国际政治经济学的集大成者吉尔平看来,国家与市场的相互作用影响着国际关系中权力与财富的分配,但两者有着各自不同的逻辑,"市场的逻辑是在最有效率、最有利可图的地方开展经济活动,而国家的逻辑是控制经济发展和资本积累的过程,以便增加本国的权力和经济福利"[②]。正是由于国家和市场是相互冲突的,它们有着各自不同的逻辑,国际关系学者对这两种基本理论元素相互冲突的解释大致分为三种,而这三种解释就代表了三种截然不同的政治经济学思想,即自由主义、马克思主义和民族主义。与此对应,国际政治经济学也有三种主要的研究范式,即自由主义流派、马克思主义流派和现实主义流派。国际政治经济学各个理论派别提出了许多新思想、新范畴和新方法,体系庞大,分支众多,影响广泛。

国际政治经济学自由主义理论流派又称"自由主义国际政治经济学"。该流派认为,在政治经济社会活动中,个人是主要行为者和理性的功利主义者;个人实现其特定的功利靠的是自由贸易。功能主义(functionalism)、跨

---

① 樊勇明:《西方国际政治经济学理论与流派》,上海人民出版社 2003 年版,第 104 页。

② 罗伯特·吉尔平:《全球政治经济学:解读国际经济秩序》,杨宇光、杨炯译,上海人民出版社 2003 年版,第 89 页。

国主义（transnationalism）和合作理论（cooperation theory）是自由主义国际政治经济学重要的理论基石。该理论的主要观点为：当今世界存在着许多行为体，包括国家、国有企业、国际组织、跨国公司、私人基金会等等。这些组织和行为体在自己的活动中致力于追求利益和效用的最大化，力求通过产品或服务之间的交换来达到各自的目的。而国际关系，特别是国际政治经济的结构，给所有行为体提供了最大限度地实现自身利益或目标的机会。各行为体追求效益最大化的结果，可使所有行为体的利益同时增加。国际政治经济学自由主义理论流派最后得出的结论是，政府在政治经济活动中的作用是有限的，其主要职能是为市场提供必要的保障和基础。市场机制能导致所有行为体实现最大可能的效用，政府过多地干预只会限制市场功能的发挥。政府的正确选择应是提供"公共产品"（public goods），这些公共产品对市场功能的发挥是很有必要的。该理论流派代表性的学者是罗伯特·基欧汉、约瑟夫·奈（Joseph Nye）和爱德华·莫尔斯（Edward Morse）等。

国际政治经济学马克思主义理论流派又称"马克思主义国际政治经济学"，运用马克思主义的基本观点来研究国际经济政治的互动关系及其演进规律。最初是列宁将马克思的学说应用到国际政治经济分析中来解释帝国主义和战争现象。与国际政治经济学的自由主义和现实主义理论流派相比，马克思主义理论流派属于"少数派"，处于边缘位置。[①] 严格来说，国际政治经济学马克思主义理论流派只包括二战结束以来社会主义国家和拉美发展

---

① 王逸舟：《西方国际政治学：历史与理论》，上海人民出版社1998年版，第535页。

中国家的思想家,以及西方发达国家的左翼思想家。今天的马克思主义者在研究国际政治经济学时,一是关注在资本主义日益扩张、资本全球化条件下全世界劳动者的命运;二是剖析发展中国家贫困的根源。该理论流派的基本观点是,在政治经济社会活动中,阶级是主要行为者;坚持阶级分析法,不同的阶级都为自身的经济物质利益而行动和斗争;资本主义经济的基础是通过资本对劳动的剥削,这决定了资本主义的剥削性。该理论流派最终得出的结论是:在国际资本主义支配下的国际经济格局是不公正、不合理的,必然导致国际范围内的阶级斗争。强调现代社会存在着劳资的对立和对抗,存在着不可调和的东西矛盾和南北矛盾。正如李滨、姚鸿指出的:"国际政治经济学马克思主义派别的理论特色在于,在政治与经济的关系问题上,占主导地位的仍是经济决定政治,在国际政治经济关系上,资本主义的生产本质决定了资本的扩张性和资本主义的世界经济格局,这种经济格局又决定着世界的政治面貌。"[①] 该理论流派以西方发达国家和发展中国家的部分左派学者为中坚力量,如罗伯特·考克斯(Robert Cox)、伊曼纽尔·沃勒斯坦(Immanuel Wallerstein)、劳尔·普雷维什(Raúl Prebisch)等。

　　国际政治经济学现实主义理论流派又称"现实主义国际政治经济学",其观点根源于以汉斯·摩根索(Hans J. Morgenthau)为代表的政治现实主义的基本观点,即民族国家是政治经济社会活动主要的甚至是唯一的行为者。它既是国际结构中不服从任何其他权威的最高单位,又是国际政治经济学

---

　　① 李滨、姚鸿:《民族主义·自由主义·马克思主义——国际政治经济学的理论流派、学术渊源和当代代表》,《欧洲》1999 年第 5 期。

分析的最佳单元,而跨国公司等其他行为体则是属于国家的;民族国家在国际交往中最大限度地追求政治权力和经济利益。该理论流派得出的结论是,民族国家应重视国际政治与国际经济的关系,通过冲突、竞争、合作等多种形式来实现其对外目标;权力表现为对资源、角色、事件的影响力和控制力,追求有利于自身的财富和权力再分配是国际关系的核心。经济永远从属于政治,政治支撑着经济。国际政治结构制约着国际经济面貌,国际体系的特点决定着每个国家的行为,这是国际政治经济学现实主义理论流派最重要的表现。该理论流派代表性的学者是罗伯特·吉尔平、彼特·卡赞斯坦（Peter Katzenstein）和斯蒂芬·克拉斯纳（Stephen Krasner）等。

从以上国际政治经济学各个理论流派的主要观点可以看出,自由主义理论学派认为,民主化、市场化和全球经济一体化主导着当代国际关系的发展态势,它预见的是一个美好的前景,相信国际游戏规则会不断得到巩固。它坚持经济决定政治的观点,从国际经济关系的角度来解释国际政治的发展,强调国际经济关系相互依存的发展对国际政治的改造和促进作用。马克思主义理论流派经济决定论认为,政治结构是由经济基础决定的,国际经济关系主导着国际政治斗争。现实主义理论流派政治决定论认为,国际经济的发展取决于国际政治状况,一般不愿关心国际经济规则,所预见的只是特殊的、国家间的、眼前利益上的互惠。它坚持政治决定经济的观点,从国际政治的角度来解释国际经济关系的发展,强调国际政治零和博弈的特点对国际经济关系的运行和发展的影响。由此可见,国际政治经济学三大理论派别的主要观点有重大差异（见表1-1）,每个理论流派与具体的研究范畴和研究倾向相结合,又会衍生出许多具体的小理论流派。如自由主义内部的跨国主义、多元主义,马克思主义内部的世界体系论、阶级论、依附论,现实主义内部的重商主义、国家主义等。

表 1-1   国际政治经济学三大理论流派的主要观点比较

指标	自由主义理论流派	马克思主义理论流派	现实主义理论流派
政治经济活动的主要行为者	个人	阶级	民族国家
政治与经济之间的关系	分属两个分离的领域	经济是基础,经济决定政治,政治变革源于经济	政治决定经济,政治体制影响经济体制
政治与经济关系所处的状态	和谐状态	对抗状态	冲突状态
最终目标	追求福利	追求解放	追求权力

第三节   国际政治经济学的分析路径

每种学说、每个理论都有其分析问题的路径,或者说研究脉络。一般而言,分析路径也就是某一学说、理论的提出者贯穿其学说、理论的基本观点。国际政治经济学研究的是国际政治与国际经济之间的关系,自然地,该理论有两条清晰的分析路径。第一条分析路径是国际体系层次上政治因素与经济因素的相互关系。沿此路径,该理论最显著的研究成果是吉尔平和克拉斯纳倡导的现实主义国际政治经济学,理论观点是霸权稳定论,认为"对于一个霸权国来说,开放的经济体系是获得自我利益的最佳途径,而衰落的霸权将无力维持开放的国际经济体系"。第二条分析路径是国际政治经济体系与国内政治经济体系的互动关系。由于国际政治经济学对国际关系的改造作用主要在于引入了国际经济因素,且又对政治与经济的互动关系多有强调,这条路径实际上是以国内政治体系和国际经济体系的相互作用为轴线。在这条总的研究轴线下,可以细化为两条小的研究线索:一是研究国际经济体系对国内政治结构的影响,是"由外到里"的线索;二是研究国内政治结构对国际经济体系的影响,是"由里到外"的线索,"在全球化时代,国内政治经济与国际政治经济的一个重要联系渠道就是国家的对外经济政策。国际经济秩序是由主权国家特别是经济大国的对外经济政策塑造的"[①]。因此,第二条线索可以简化为国内政治对该国对外经济政策的影响。按照这一研究线索,西方学者着重研究国内政治制度对该国对外经济政策的影响。

从上述内容可知,国际政治经济学作为一种理论分析框架无非涉及两点:国际政治关系的经济化和国际经济关系的政治化。在此框架下,相关研究可分为经济化的国际政治关系和政治化的国际经济关系。其实,国际政治经济学重点研究的是政治因素影响经济政策的制定,尤其是重大的经济决策通常由压倒一切的政治利益所决定。经济政策通常是政治斗争的产物,如赞成低关税政策和提倡贸易保护主义均是一定政治斗争的需要。同样,在各

---

① 李巍:《国际政治经济学的演进逻辑》,《世界经济与政治》2009 年第 10 期。

国国内政治斗争的过程中,不同的政治集团也代表着不同的利益,对各自主张的经济政策争执不下。

综上,笔者拟用现实主义国际政治经济学作为理论分析框架。现实主义国际政治经济学作为现实主义理论和国际政治经济学理论相结合的产物,可以有效地分析对外贸易这一国际政治经济互动现象。因为对外贸易是长期推行现实主义外交政策的工具,同时这种对外经济行为带有明显的政治和战略目的。本书的研究路径是梳理政治化的国际经济关系,即国际经济关系的国际政治目标和国内政治目标。具体包括两个向度:一个向度是国内政治对国际经济的影响,也可以说是国内政治对该国对外经济政策的影响,包括国内政治制度和过程对该国对外经济政策的影响;另一个向度是国家对外经济政策的国际政治目标和国内政治目标,即在国际体系内的国家对外经济政策的政治性。具体而言,本书研究的一个向度是国内政治对对外贸易的影响,另一个向度是对外贸易所要达到的国际政治目标和国内政治目标。

第二章

当代国际关系中的

经济政治互动现象

现象是进行理论分析的材料。在当代纷繁复杂的国际关系中，经济因素与政治因素相互渗透、相互影响、高度交织，即国际经济政治互动成为当代国际关系中的普遍现象。科学阐释国际经济政治互动的基本内涵，系统梳理二战后国际关系中经济政治互动现象的发展历程，深刻分析当代国际经济政治化现象的主要表现，即国际贸易行为的国际政治功能，是本书开展研究的重要理论前提和基础。

第一节　国际经济政治互动的基本内涵

对当代国际关系中政治因素与经济因素相互渗透、相互影响、高度交织的现象进行研究，必须准确把握和科学理解国际经济政治互动的基本内涵。尽管国内外学者对国际经济政治互动内涵的理解有所差别，但大多数学者也达成了一定的共识。从时间维度分析，这种现象是二战后国际关系层面出现的普遍现象，是社会生产力不断发展、国际经济与国际政治相互影响不断加强的必然产物。笔者认为，国际经济政治互动是指在二战后的国际关系中，经济因素与政治因素相互渗透、相互影响、高度交织。它包括两层含义：一是一国的对外经济行为有实现其国内或国际政治目标的意图；二是一国的对外政治行为有实现其国内或国际经济目标的意图。国际经济政治互动起源于 15—16 世纪资本主义发展初期，发展于 19 世纪六七十年代资本主义世界体系的形成时期，二战后成为一个普遍的国际关系现象。它是伴随着资本主义的演进而发展的，"资产阶级，由于开拓了世界市场，使一切国家的生产和消费都成为世界性的了"，"过去那种地方的和民族的自给自足和闭关自守状态，被各民族的各方面的互相往来和各方面的互相依赖所代替了。物质的生产是如此,精神的生产也是如此"①。从世界历史的形成和发展来看,国际经济政治互动是人类社会生产力不断发展进步的必然结果。生产力的发展使国际分工不断深化,以民族国家为界的社会化大生产跨入需要突破国界的全球化大生产的新阶段。经济全球化日益促进世界经济成为一个相互依存的统一体。在这个相互依存的统一体内,各国采用主权国家的对外经济政策来解决经济全球化进程中出现的重大经济问题和与经济有密切联系的重大全球问题。在国际社会经济因素与政治因素的互动日益加强,经济利益能否实现以及在多大程度上实现直接决定政治利益能否实现以及在多大程度上实现的条件下,这些重大经济问题和与经济有密切联系的重大全球问题的解决成为各国实现国际政治目标的有效手段。因此,经济全球化的发展极大地促进了国际经济政治互动的形成和发展。既然生产力的发展是经济全球化产生和发展的动力,而经济全球化的发展又极大地促进了国际经济政治互动的形成和发展。那么,生产力的发展也就自然成为国际经济政治互动形成和发展的最终动力。国际经济政治化和国际政治经济化是国际经济政治互动的两个基本表现形式。

　　国际经济政治化是指二战结束后国际关系中出现的国际经济关系在政治的影响下,越来越成为实现一国国内和国际政治目标的有效手段,实质上就是国际经济关系已经转化为国内和国际政治关系。但国内外学者对此现象的概括不尽相同,有的用"经济政治化"来概括,有的用"经济问题政治化"

---

　　① 《马克思恩格斯文集》(第 2 卷),人民出版社 2009 年版,第 35 页。

来概括,有的用"经济关系政治化"来概括;有的用"国际经济政治化"来概括,有的用"世界经济政治化"来概括,有的用"国际经济关系政治化"来概括,还有的用"国际关系中的经济政治化"来概括。在全球化之前的时代,一国的经济受国际政治因素的影响较小。进入全球化时代后,由于国内政治和经济与国际政治和经济的联系越来越紧密,国际层面的经济政治化必然涉及国内层面的经济政治化。也就是说,国际经济关系不仅是一国实现其国际政治目标的手段,也是该国实现其国内政治目标的手段。使用"经济政治化"体现不出国际范畴,因为一国内部也存在经济政治化现象。因此,本书采用"国际经济政治化"这一表述。必须指出的是,有些学者也使用"国际经济政治化"这一表述,但它的含义与本书并不相同。如刘胜湘在研究当代国际政治对国际经济的影响时,用"国际经济政治化"来概括经济手段成为解决政治问题的重要方式,各国利用经济手段为其国家战略服务,以及经济利益成为国际政治的主要目标,各国利用政治手段干预国际经济活动的现象。[①]

国际政治经济化是二战结束后国际关系领域中政治经济互动的另一个表现形式。顾名思义,与国际经济政治化相反,国际政治经济化是指国际关系中的政治交往蕴含实现该国经济利益的目的,即国际政治关系在经济的影响下,越来越成为实现一国国内和对外经济目标的有效手段,实质上就是国际政治关系已经转化为国内和国际经济关系。这些手段包括建立军事同盟、殖民统治、发动对外战争、武力威胁等。这个概念在 20 世纪 70 年代中后

---

① 刘胜湘:《经济全球化进程中国际政治的演变》,《世界经济与政治》1999 年第 12 期。

期运用得较多,当时国际关系领域中政治外交由经济利益驱使的现象十分普遍。冷战结束后,经济外交日益成为各国对外战略的中心,经济因素在国内和国际的政治生活中起着越来越关键的作用,[①] 国际政治经济化向更深的层次推进。金应忠、倪世雄等在研究当代国际经济对国际政治的影响时,也使用了"国际政治经济化"这一表述。[②]

值得一提的是,国内外学者对二战后国际关系领域出现的经济政治互动客观性的认识是基本一致的。王缉思认为:"当代国际关系中一个不可逆转的趋势是世界经济日益政治化和世界政治日益经济化。"[③] 王逸舟认为:"在国际关系中,已构成了越来越明显的'世界经济政治化'和'世界政治经济化'的互动互融势头。"[④] 美国学者罗伯特·吉尔平认为:"利用国家来影响经济成果,尤其是依照有利于某些人的方式重新分配财富,这就意味着经济问题必然趋向政治化。"[⑤]

---

① 赵庆寺、黄虚峰:《当代世界经济与政治》,华东理工大学出版社 2004 年版,第 50 页。

② 金应忠、倪世雄:《国际关系理论比较研究》,中国社会科学出版社 1992 年版,第 401 页。

③ 汉斯·J. 摩根索:《国家间政治——寻求权力与和平的斗争》,徐昕等译,王缉思校,中国人民公安大学出版社 1990 年版,第 21 页。

④ 王逸舟:《当代国际政治析论》,上海人民出版社 1995 年版,第 12 页。

⑤ 罗伯特·吉尔平:《国际关系政治经济学》,杨宇光译,经济科学出版社 1989 年版,第 8 页。

第二节 国际经济政治互动的发展历程

在明确界定国际经济政治互动的基本内涵及其两个基本表现形式之后，就可深入分析二战后70多年来国际关系领域呈现的经济政治互动现象的历史发展进程，以便对当代国际关系中的经济政治互动现象有个整体把握。作为战后国际关系中的一种现象，国际经济政治互动现象的发展是国际社会在新的历史条件下不断变化的结果。国内学者多数以"隐性化"和"显性化"对战后国际经济政治互动现象的发展历程进行概括。隐性化是指国际经济政治化和国际政治经济化比较隐蔽；显性化是指国际经济政治化和国际政治经济化非常明显。本书采用"国际经济政治化趋势"和"国际政治经济化趋势"这一表述。

一、战后至20世纪70年代初期：国际经济政治化趋势

严格来说，国际经济政治化现象自近代国际关系产生以来就始终存在。19世纪初，拿破仑的"大陆封锁"政策就是运用经济手段实现国际政治目标的典型案例。为削弱英国的实力，牢固确立法国在欧洲的霸主地位，拿破仑采取了遏制英国的经济政策。1806年11月21日，拿破仑颁布了《柏林敕令》。该敕令规定，所有隶属法国的国家不得与英国发生贸易关系，并断绝一般往来；所有英国货物和商船全部没收，等等。此后，拿破仑又陆续颁布了《华沙敕令》《米兰敕令》《枫丹白露敕令》，进一步加强对英国的经济封锁。

尽管拿破仑的"大陆封锁"政策没有取得预期的成效,但将其作为实现法国国际政治目标的手段是不言而喻的。一般认为,国际经济政治化现象在冷战初期表现得比较明显。虽然二战结束后的两年(1945—1946年)内美国和苏联在争夺世界霸权的过程中矛盾逐渐显现,但美苏双方用经济手段来实现各自政治目标的做法尚不普遍,美苏争霸的斗争主要集中在军事和政治领域。20世纪50—60年代,在国际社会中,对外经济行为作为实现政治目标的有效手段,不仅使用频率比二战结束前高,政治影响也比二战结束前大,国际经济政治互动现象开始从隐性走向显性。当时,一些国家采用成本高于收益的暴力性行为来影响国际经济关系,他们最终所要达到的国际政治目标是十分清楚的,经济问题只不过是政治问题和军事问题的一个借口或结果而已。1946年3月5日,丘吉尔发表"富尔顿演说"(又称"铁幕演说"),标志着冷战的开始,政治制度和意识形态的对立导致东西方阵营呈现严重对峙的局面。二战后至20世纪70年代初期,由于冷战氛围浓厚,美苏两大对立阵营之间剑拔弩张。在这一特定的国际背景下,国家安全是各国关注的首要问题,国家的一切政策都必须服从国家安全的战略目标。这一国际关系背景决定着军事实力是决定国家利益能否实现以及在多大程度上实现的关键因素。经济实力只有在转化为军事行动力和政治影响力后,才有可能在国家利益的实现中发挥明显作用。"正因为在冷战时期单凭经济实力,既不足以决定实力范围的归属,也无力打破西方冷战的铁幕,所以我们能看到的只是超级大国和地区霸权主义凭借军事实力争夺势力范围,美苏两国不惜以牺牲经济发展为代价进行军备竞赛,谋求军事优势。"① 冷战初期,维护本国的国家安全和提高本国的军事威慑力是各国国家战略的重心,各国的对外政策和外交活动基本上是围绕着这个重心展开的,对外经济政策在整个对外政策中所占的比重很小,经济实力在综合国力中并不占主导地位,军事实力往往成为决定国家利益实现的主要因素。美国频繁使用旨在实现其国际政治目标的国际经济行为,这对维护美国的全球霸主地位起着重要作用。例如,出于对苏战略的考虑,为了维护西方阵营的团结,美国对欧共体建立保护关税并补贴农产品的做法,以及日本执行的新重商主义贸易政策采取了容忍态度;同时又提出"马歇尔计划",倡议成立"巴黎统筹委员会",对中国、朝鲜等社会主义国家实行贸易禁运。因此,这一时期国际经济政治化趋势比较明显,国际经济关系受国际政治因素影响较大,一国的对外经济政策很大程度上是实现其国际政治目标的有效手段,国家之间的经济关系几乎不涉及国家的根本利益。冷战初期的苏联,为了加强对东欧社会主义国家的控制,向其提供了相当数额的无偿援助。新中国成立初期,为了巩固两大社会主义国家的关系,苏联对华进行了经济援助,如提供低息贷款、援建重点项目、发展双边贸易、开办合股企业等。总之,冷战初期,经济利益在国际关系中处于次要地位,它完全从属于一国的对外政治目标,国际政治对国际经济关系的影响不断加强,国际经济政治化现象十分普遍。

总体而言,国际经济政治化是西方发达国家实现国家利益的一种手段,

---

① 柳剑平:《当代国际经济关系政治化问题研究》,人民出版社 2002 年版,第 69 页。

对经济欠发达国家很是不利,有损主权。正如赵永清教授指出的:"只要包括中国在内的所有发展中国家一心一意搞经济建设,将本国的经济实力搞上去,就会在世界经济新秩序中有一席之地。到那时,就由不得少数经济大国为达到政治目的而随意摆布世界经济格局,世界经济政治化现象终将随着各国经济的发展而退出历史舞台。"①

二、20 世纪 70 年代中后期至冷战结束:国际政治经济化趋势

20 世纪 70 年代中后期,东西方关系有所缓和,国际局势出现比较平稳的局面,国家安全问题和政治利益考虑在国际关系中的地位相对下降,各主要国家在使用军事手段上普遍秉持谨慎的态度,军事手段的运用更加注重为经济发展创造有利的外部环境。相对于冷战初期,在 20 世纪 70 年代中后期,作为国家利益的实现手段,对外战争和武力威胁的作用开始降低。相反,经济发展问题变得突出,经济利益在国家利益中的地位逐渐上升。哪个国家拥有较强的经济实力,哪个国家就能分配到较多的国家利益。国际关系领域中出现这种经济政治化功能有所淡化的现象,主要有三个原因:第一,20 世纪 70 年代中后期,美苏之间有关军事方面的谈判取得一系列重要成果,东西方之间的紧张局势开始缓和,"苏联的威胁"已不再是促使西方国家在经济上抱持一致立场的外部因素。西欧国家不再过于担心同美国、日本的经济冲突会影响彼此的政治关系,从而使国家安全受到威胁;而美国由于不满西

① 赵永清:《当前世界经济中值得注意的一种倾向:从美国与中日经贸关系看世界经济政治化》,《世界经济与政治》1996 年第 7 期。

欧国家对苏政策加上国内经济衰退,已很难继续对西欧国家、日本的内外经济政策采取视而不见的态度,之前西方国家经济关系相对平稳的国际政治背景消失了。第二,20世纪70年代初期以后,西方国家的经济发生了滞涨,严重的经济危机、居高不下的失业率、扶摇直上的通货膨胀率使西方各国政府普遍注重短期效应,只求缓解本国的经济危机,结果不可避免地出现以邻为壑、转嫁危机以及贸易保护主义的做法,西方国家之间的经济矛盾和冲突不断。第三,20世纪70年代初期以后,与世界经济相互依存日益加深相反,国际经济关系的有效管理明显滞后,这不仅表现在布雷顿森林体系瓦解之后,已有的国际经济制度难以规范西方国家之间的经济关系,并出现了对一种能规范全球国际经济关系的国际经济制度的强烈需求。各国都力求通过本国的对外经济政策和经济外交活动,以及国际经济制度和经济协调活动来规范国际经济关系,以便最大限度地实现本国的经济利益,并最终使各国的国家利益得以保障。在这种新的国际形势下,国际经济关系成为20世纪70年代中后期以来国际关系的重要内容,能够决定经济利益在各国之间的分配。经济利益在国家利益中的地位逐步上升并在较大程度上决定国家利益的实现。于是,国际经济关系的政治背景逐渐淡化,而政治经济化的趋势开始凸显。以美国为例,东西方关系缓和后,美国就开始思考如何在新的国际形势下继续维持其全球霸权地位,以便使21世纪成为"美国的世纪"。经过长期讨论,美国各界最终达成共识:对于美国来说,没有经济实力支撑的霸权是难以持久的,在无力维持冷战时期那种成本巨大的军事霸权的情况下,以新的聚集财富的方式支撑其霸权的延续是至关重要的。这种新的方式就是凭借技术和资本优势,通过对国际经济关系的控制,迫使其他国家降低交易成本进而获得多样化的资源以维持其财富的增长及霸权的延续。最为典型的案例是,1985 年 9 月,在美国的强力主导下,美国、日本、联邦德国、法国、英国这五个当时世界上最发达的工业国家联合干预国际货币市场,签署了《广场协议》。这一国际经济行为导致美元持续大幅度贬值,一定程度上挽救了日益萧条的美国制造业,日本则陷入了长达十年的经济停滞。这实质上就是利用国际经济关系具有的国际政治功能来谋求美国全球霸权的长期维持,最终确保其国家利益的最大化。

不同的国家在不同历史时期,都要根据国内外环境的变化采取一种新的方式,力争最大限度地实现国家利益。这种新方式就是该国在这一历史时期的国家利益实现战略。冷战时期的后半段,国际关系领域中经济政治互动现象更为突出地表现为经济因素,即国际政治关系中的经济因素越来越明显,实质上是各国在新的国际环境下为最大限度地实现国家利益而采取的一种新战略。

三、冷战结束后至今:国际政治经济化逐步向国际经济政治化转变

20 世纪 80 年代末至 90 年代初,随着东欧剧变和苏联解体,冷战的结束促成了冷战后美国"一超独霸"的国际政治格局,美国成为世界上唯一的超级大国,国际政治格局完全失衡。意识形态之争淡出各国政治经济生活,军事手段则更加侧重于威慑,它的存在更多的是为经济发展创造有利的外部环境,对国家战略目标的追求更多地借助经济因素。当前,国际竞争实质上

是以经济实力为基础的综合国力的较量,经济因素从后台走到了前台,日益成为国际关系中的主导因素,对世界政治的影响力明显增强。

冷战结束后,在新的国际背景下,由于经济实力决定着国家的地位和影响力,各国政府都纷纷将其政策重点转移到经济事务上来。美国前总统克林顿1993年一上台即把“经济安全”列为美国对外政策三大支柱之首,强调经济的发展和对市场的占领是新形势下美国国家安全的重要因素,突出了外交要为发展经济、提高综合国力服务的思想。例如,在中国加入世界贸易组织之前,美国给予中国最惠国待遇本来是中美双边经济关系中的一个问题,但是在经济实力决定综合国力的国际背景下,美国给予中国最惠国待遇就直接发挥着国际政治功能。美国企图以此来决定中美两国国家利益的实现,进而协调与控制中美两国国家利益关系的变化。统一后的德国把在未来世界经济竞争中保持有利地位作为全方位自主外交政策的两大任务之一。加拿大政府在20世纪90年代中期提出的对外政策报告中,强调对加拿大安全造成威胁的是经济而不是军事,而保证加拿大安全的最有效手段就是扩大对外贸易。日本前首相中曾根康弘在其参著的《冷战以后》一书中指出:“国际局势正从原先的以军事力量为基础的权力竞争演化为以经济实力为核心的财富竞争。”[①] 在维护本国经济利益的具体手段上,首先是武力威胁。如1994年,法国和西班牙因渔业纠纷发生互派军舰“护渔”事件。1995年,加拿大和西班牙发生渔业纠纷,西班牙派出军舰“护渔”,加拿大强行扣押西

---

① 李群英、王建新、卢翰章:《当代世界经济与政治》,法律出版社1999年版,第99页。

班牙渔船。其次是军事干预。冷战结束后,美国频频采取对外军事干预,创下历史纪录。大部分军事干预表面上与经济利益无直接关联,但只要深入考察这些军事干预的动因,就会发现它们或多或少地与经济利益有一定的关联。因此,冷战结束后的很长一段时期内,国际经济政治互动更多地表现为政治现象经济化,即一国的对外政治行为有更为明显的国内经济目的。

进入 21 世纪,在新科技革命的大力推动下,世界主要经济体实力发生了深刻变化,国际政治格局也产生了深刻调整。虽然美国仍然是世界上唯一的超级大国,但实力有所削弱;欧盟、日本、俄罗斯、中国等经济体在国际政治格局中的分量不断加重,世界政治格局整体上呈现"一超多强"的发展趋势。2012 年,中国超过日本成为世界第二大经济体,并与世界第一大经济体美国的经济差距进一步缩小。2020 年,受新冠肺炎疫情影响,中美经济此消彼长,中国经济总量增至美国经济总量的 70% 左右。自二战以来,世界上还没有哪个国家的经济实力与美国如此接近。因此,遏制中国崛起,防止中国超过美国成为美国政府重要的对外战略目标。以特朗普政府为例,美国对外实行贸易保护主义政策,对中国商品征收高额关税,对中国高科技企业进行制裁,甚至扬言要与中国脱钩。"当代西方先进国家期望通过保护贸易措施,并试图通过不公正的国际经济体制,顽固地钳制市场,保护其正变得落后的经济部门在生产环节的垄断地位,这是违背经济规律和历史发展潮流的。"[①]美国政府的这些对华经济行为显然不是国际经济领域的问题,而是美国通

---

① 赵茜:《马克思恩格斯的国际贸易政策思想及其当代启示》,《社会主义研究》2021 年第 2 期。

过对外经济手段达到阻碍中华民族伟大复兴进程的对外战略目的，这是国际经济政治化的表现。在 2014 年的乌克兰危机中，美国、欧盟以"俄罗斯对乌克兰采取了军事干预"为借口，对俄罗斯主要的银行、国防和能源公司实施了制裁，以达到惩罚俄罗斯、支持亲西方的乌克兰政府的目的。总之，种种迹象显示，当前国际经济政治互动有由政治经济化转向经济政治化的发展趋势。

　　值得注意的是，冷战后的国际经济政治化与冷战初期的国际经济政治化并不相同。20 世纪 70 年代之前，国际政治影响国际经济关系没有合法的程序，经常使用暴力性手段来实现这种影响，因而这种影响的不合法性是非常明显的。正是由于国际政治对国际经济关系影响的不合法性，国际政治影响下的国际经济关系进一步作为实现国际政治目标的手段就具有明显的不合法性。而在 21 世纪，国际社会对国际经济关系问题的解决，一般需按照国际经济法和国际经贸条约既定的程序进行，国际政治对国际经济关系的影响有了明显的合法性。正是这种合法性使得国际政治影响下的国际经济关系在成为实现国际政治目标的手段时也具有了合法性。例如，在联合国依据有关程序讨论并决定对伊拉克进行经济制裁的过程中，联合国范围的这种国际政治活动对伊拉克同其他国家的经济关系的影响是合法的。正是这种合法性，使得以美国为首的西方国家力图把伊拉克不能同其他国家发生正常的经济联系和经济往来，作为实现西方国家牢固控制中东地区的国际政治目标的手段似乎也具有了合法性。但是，由于美国在一定程度上可以操纵联合国，那么，在这种情况下，联合国所通过的对伊拉克实行经济制裁的决议就具有非法性,也正是这种非法性使得以美国为首的西方国家力图把伊拉克不能同其他国家发生正常的经济联系和经济往来,作为实现西方国家牢固控制中东地区的国际政治目标的手段就具有非法性。

第三节　国际贸易行为的国际政治功能

"国际经济关系就是世界范围内各国经济之间的联系媒介,它表现为各种形式,如国际贸易、国际金融、世界市场、国际资本和资金流动、劳动力的国际移动、国际经济组织、国际经济联合等等。"[①] 当代国际经济关系有多种表现形式,包括国际贸易关系、国际金融关系、国际投资关系等等。当代国际贸易关系中的政治化现象是国际经济政治化在国际贸易领域的具体表现。"贸易是各国之间最古老、最重要的经济联系"[②],国际贸易关系因而也就成为最古老、最重要的国际经济关系领域。虽不能说当代国际贸易关系中的政治化现象是国际经济关系政治化最古老的表现,但它确是国际经济关系政治化中最重要的表现。二战后,全球经济在深刻调整变化中呈现出多种特征,其中以经济全球化、区域经济集团化、经济信息化最为明显。不可否认,当前全球经济之所以呈现出与以往不同的显著特征,一方面与科技进步和

---

① 　郭丁:《国际经济关系学》,中国人民大学出版社 1992 年版,第 2 页。

② 　罗伯特·吉尔平:《国际关系政治经济学》,杨宇光译,经济科学出版社 1989 年版,第195 页。

生产力水平的大幅度提高密切相关，另一方面也与各国际关系行为体（主权国家、国际组织等）在制定对外经济政策时所考虑的国际政治因素有关。正如柳剑平指出的："战后，各主权国家所制定的国家发展战略和经济政策有利于经济全球化、区域经济集团化、经济信息化等特征的形成和发展，进而达到某种国际政治目标，以便最大限度地实现本国的国家利益。"[①] 无论是冷战时期，还是冷战后时期，国际贸易行为都具备特定的国际政治功能。在"大国无战事"的今天，传统威慑手段难以实现大国的政治目的。[②] 正如夏立平、祝宇雷分析的那样，"贸易手段因其自身的特殊效用，必然成为大国博弈的重要工具和实现战略目标的重要威慑手段，在大国战略竞争和战略较量中发挥着不可替代的重要作用"[③]。

一、国际贸易行为概述

简言之，经济是指人们在一定生产资料所有制基础上从事生产、分配、交换、消费活动的总称。马克思指出："我们首先应当确定一切人类生存的第一个前提，也就是一切历史的第一个前提，这个前提是：人们为了能够'创造历史'，必须能够生活。但是为了生活，首先就需要吃喝住穿以及其他一些东西。因此第一个历史活动就是生产满足这些需要的资料，即生产物质生活

---

① 柳剑平：《当代国际经济关系政治化问题研究》，人民出版社 2002 年版，第 113 页。

② 杨原、曹玮：《大国无战争、功能分异与两极体系下的大国共治》，《世界经济与政治》2015 年第 8 期。

③ 夏立平、祝宇雷：《战略竞争背景下美国对华贸易威慑分析》，《美国研究》2020 年第 1 期。

本身,而且,这是人们从几千年前直到今天单是为了维持生活就必须每日每时从事的历史活动,是一切历史的基本条件。"[1] 经济以生产为基础,消费为终点。"生产以及随生产而来的产品交换是一切社会制度的基础;在每个历史地出现的社会中,产品分配以及和它相伴随的社会之划分为阶级或等级,是由生产什么、怎样生产以及怎样交换产品来决定的。"[2] 生产对分配、交换和消费起着决定作用,分配、交换和消费对生产起着反作用。交换的发展能促进生产的发展,反之则阻碍生产的发展。生产的社会分工是商品交换产生和发展的必要条件。由于社会分工,每个生产者生产的单一性和需要的多样性之间产生了矛盾,由此才出现各个生产者之间相互交换产品的必要性。交换又称交易、贸易。贸易是指商业活动,也就是商品的交换活动。贸易有内贸和外贸之分,内贸是在单一主权国家范围之内进行的,而外贸自然就超过一国的地域界线。具体而言,国际贸易是指国家或地区间的商品流通,是一个国家或地区同其他国家或地区发生的商品交换。而国际贸易行为(又称国际贸易政策)是指各国政府针对国际贸易所采取的各种政策,如对某些国际交易征收税收、对某些国际交易提供补贴、对一些特殊的进口品进行价格或数量限制等等。马克思曾强调贸易对资本的极端重要性,"商品流通是资本的起点。商品生产和发达的商品流通,即贸易,是资本产生的历史前提。世界贸易和世界市场在 16 世纪揭开了资本的现代生活史"[3]。全面了解国际

---

①　《马克思恩格斯文集》(第 1 卷),人民出版社 2009 年版,第 531 页。

②　《马克思恩格斯文集》(第 3 卷),人民出版社 2009 年版,第 547 页。

③　《马克思恩格斯文集》(第 5 卷),人民出版社 2009 年版,第 171 页。

贸易行为,是深刻把握其国际政治功能的前提和基础。

国际贸易对各国经济发展和全球经济增长至关重要。首先,地球上的资源并不是平均分布在整个星球上的。美国可以自己生产煤和小麦,但在橡胶和咖啡这些物品上几乎完全依赖于他国。同样,沙特阿拉伯没有多少土地适于耕种,但它地底下却有丰富的石油资源。由于重要资源的这种"偏心"的天然分布,每个国家都必须同他国进行贸易以获取本国缺乏的资源。其次,即使是拥有所需全部资源的国家,在自然禀赋方面的另一些差异,如气候、地貌等等,也会致使它们从事贸易。美国虽可以在温室中培养香蕉树和咖啡树,但很难实现大规模种植;而这些作物非常适合种植在气候适宜的洪都拉斯和巴西。再次,劳动力在这方面也存在同样的情况。如新西兰有大量的高效率的农民但缺少有经验的工人,而日本的情形正好相反,那么新西兰专心于农业、日本致力于制造业就是有道理的。最后,一个小国若是竭力生产所有产品,那将会导致许多产业规模过小以致不能利用大规模生产技术以及其他能在大规模生产中带来成本优势的手段。比如,一些小国出于政治方面的原因而布局自己的国内产生。这样,不可避免地,只有生产规模足够大、经济效益足够高的产业领域才有机会参与国际竞争,政府必须给予大量补贴,这些企业才能生存。总之,国家间从事贸易的重要动机是获取专业化分工所带来的好处。

正如本杰明·富兰克林(Benjamin Franklin)所指出的,"贸易不曾摧毁过任何一个国家"。国际贸易对于贸易国的繁荣是必需的,原因有三:一是任何一国都会缺乏某些重要资源,它们只能通过贸易来获得;二是任何一国的气候、劳动力以及其他禀赋都使得它在某些商品的生产上是高效率的,而在另一些商品的生产上则不具有高效率;三是专业化分工使大规模生产成为可能,从而提供大规模生产所带来的经济利益。美国经济学家保罗·克鲁格曼(Paul R. Krugman)指出:"各国参与国际贸易的基本原因有两个,这两个原因都有助于各国从贸易中获益。第一,进行贸易的各个国家之间存在着千差万别。国家就像个人一样,当他们各自从事自己擅长的事情时,就能取长补短,从这种千差万别中获益。第二,国家之间通过贸易能达到生产的规模经济。也就是说,如果每一个国家只生产一种或少数几种产品,就能进行大规模生产,达到规模经济。这时候的生产效率比每一种产品都生产时要高得多。"[①]

必须指出的是,国际贸易行为是一个历史范畴,迄今已有 200 多年的历史。它的产生与发展,虽然是以国际分工和世界市场的形成及发展为基础的,但本质是通过国际分工在世界范围内形成资源配置。从 18 世纪中叶第一次工业革命以来,世界上所有国家和地区逐步被纳入同一个国际分工体系和世界市场之中,从而形成了现代国际经济关系,这为国际贸易的形成与发展奠定了现实经济基础。

200 多年来,国际贸易的发展历程大致可以划分为四个阶段。一是 18 世纪末到 20 世纪初,这是国际贸易的初步发展阶段。受整个国际商品生产和流通规模的限制,这一阶段的国际贸易规模不是很大,贸易的主要动机是

---

① 保罗·克鲁格曼、茅瑞斯·奥伯斯法尔德:《国际经济学》(第五版),蔡荣、郭海秋译,中国人民大学出版社 2002 年版,第 11 页。

满足国民日常生活的直接需要,贸易的内容以现成的生活用品为主。二是第一次世界大战起到第二次世界大战止,这是国际贸易的快速发展阶段。这一阶段的国际贸易,从贸易的动机看,不仅是为了满足日常的生活需要,还包括日后扩大再生产的需要,甚至是扩军备战的需要;从贸易的内容看,不仅表现为大量的日常生活用品,还表现为生产、战争必需的战略物资。三是第二次世界大战后至20世纪80年代末,这是国际贸易的特殊发展阶段。这一阶段由于美苏冷战对峙使政治和军事的动机在国际贸易中得以强化,形成了两个世界经济体系和世界贸易体系,贸易的范围具有集团内向性特征。四是冷战结束至今,世界经济逐渐融合为单一的世界市场,在经济全球化的推动下,国际贸易关系发生了巨大变化。首先是货物、资本、技术、服务和人员的跨国流动不断加强,各国之间的贸易关系日益密切。其次是信息技术,尤其是电子商务的发展,改变了国际贸易方式,从而使国际贸易关系技术层面的问题日益突出。再次是跨国公司的发展所引起的企业兼并浪潮使国内政策对国际贸易关系的影响越来越明显。最后是国际贸易的内容从原始的有形商品扩大到无形商品,甚至是虚拟商品。而有形商品也从可食用的商品扩大到武器、原料等非食用的商品;无形商品包含劳务、技术、资本等多种形式;虚拟商品包括电子书、搜索服务、网络游戏、电视节目、计算机软件等。"随着国际贸易关系范围和形式的不断扩展,国际贸易关系中的政治化现象的生长点也逐步增加,各国之间不仅把有形商品贸易关系,而且还把无形商品贸易关系作为实现国际政治目标的有效手段,以最大限度地实现国家利益。"①

二、冷战时期国际贸易行为的国际政治功能

亚当·斯密、大卫·李嘉图等早期经济学家倡导自由贸易,认为自由贸易必然促进财富增长。然而,冷战时期,美苏两大军事政治集团的安全和政治利益始终处于核心地位。各国、各阵营从国际政治战略目标出发,设法加强对国际贸易关系的干预和管理,以致形成了两大贸易集团——关税与贸易总协定(简称关贸总协定)和经济互助委员会(简称经互会)。整个冷战期间,国际贸易关系受国际政治的影响,以及国际贸易关系在受国际政治影响之后所包含的国际政治目标是十分明显的,而这一国际政治目标主要是通过这两大贸易集团体现出来的,也就是巩固壮大自己的军事和政治实力,或动摇削弱对方的军事和政治实力。

早在二战尚未结束的时候,主要西方国家就意识到为了保障经济稳定和世界和平,各国必须加强经济领域的合作,特别是在国际贸易领域的合作。事实上,西方贸易集团在同盟国协力抗击纳粹德国时就已开始酝酿,从1943年起,美国就多次与英、法等国会谈,商议建立一个以实现贸易自由化为目标的国际贸易组织。1947年10月30日,以西方国家为主体的23个国家签订了《关税与贸易总协定》,并于1948年1月1日正式生效。从时间上看,虽然"关税与贸易总协定"在北大西洋公约组织(简称北约)之前就已成立,

---

① 柳剑平:《当代国际经济关系政治化问题研究》,人民出版社2002年版,第163-164页。

但它从筹备到正式成立的过程正好与西方国家冷战政策的提出到全面实施的过程相吻合。特别是在北约成立之后，"关税与贸易总协定"在成立后一个较长的时间内一直没有包括那些被认为是"中央计划经济"的国家。因此，"关税与贸易总协定"最终成为与以苏联为首的东方社会主义阵营相抗衡的西方资本主义阵营的贸易集团。在《关税与贸易总协定》下，西方贸易集团内部贸易活动一直奉行自由主义政策，各成员国大规模地削减关税和其他贸易壁垒、取消国际贸易中带有歧视性的互惠、互利安排。西方国家实行这些贸易行为最重要的原因是力图通过贸易加强西方国家的经济实力，以维护其政治团结，最终使西方国家具有与东方国家相对抗的经济基础。西方国家成立贸易集团背后的国际政治目的完全可以从美国在该集团中的作用与收益不对称方面得到说明。在西方贸易集团中，经济实力最强的美国一直担当着领头羊的角色，但获得的利益却明显少于西欧国家。为维护西方国家的政治团结，一致对付东方国家，美国自愿牺牲本国的经济利益，政治利益优先于经济利益。在对外贸易方面，1950—1972 年，美国对中国实施贸易禁运；1950 年以后，美国对朝鲜民主主义人民共和国实施贸易禁运；1954年以后，美国对越南民主共和国实施贸易禁运；1960 年以后，美国对古巴实施贸易禁运；1965—1978 年，美国对罗德西亚（1980 年独立后称津巴布韦）实施贸易禁运。美国频繁使用这种对外贸易行为，对其政治目标的实现、世界两极格局的形成和冷战秩序的维持都起到了关键作用。

20 世纪 70 年代初，东西方关系趋于缓和，美国尽管出于经济上的考虑开始发展同东方国家的贸易关系，但始终没有忘记发展这种贸易关系的国际政治目标。1966 年,时任美国国务卿腊斯克(Pusk)指出:"健康的贸易增长将有助于减轻现在东欧国家相互之间的依赖和对苏联的依赖,鼓励他们重新建立起与西方的传统友好联系,独立行动将日益具有吸引力和更为现实可行。""贸易将创造出一个有利的气候,将进一步增强苏联国内主张同西方扩大合作的集团的力量,以反对那些不同意扩大东西方合作的力量……与贸易伴随在一起的将会是西方企业界人士和技术人员来访增多,观念交流更为自由,苏联制度的开放可能促进社会变革。"[①] 可以看出,美国发展同东方国家的贸易关系的国际政治目的,就是先把东欧国家从东方集团中分裂出来,再从内部攻破苏联这个东方集团的最后堡垒。

1949 年 1 月 8 日,苏联与波兰、罗马尼亚等东欧社会主义国家成立经济互助委员会。虽然经互会谋求技术合作和共同计划,但主要目的是协调集团内部的贸易。因此,经互会只是以苏联为首的与西方贸易集团相抗衡的东方贸易集团。1955 年 5 月 14 日,华沙条约组织的成立不仅进一步强化了东方贸易集团的协调功能,而且还逐步使一些属于东方阵营的国家加入该贸易集团之中,最终使经互会成为名副其实的东方国家的贸易集团。它的国际政治战略目标更为明显,即不与西方资本主义国家交往,以深化资本主义世界的危机,加速资本主义的灭亡。"斯大林认为,对于西方来说,不承认东方市场会减少西方的出口可能性,创造闲置工业生产能力,导致资本主义内部不可避免的经济、政治崩溃。建立一个独立的社会主义集团将使东方免遭西方

---

① J. E. 斯贝茹:《国际经济关系学》,储祥银、李同忠、谢岷译,对外贸易教育出版社 1989 年版,第 388 页。

经济混乱的影响,进而促进社会主义经济发展。"① 可以看出,东方贸易集团的国际政治战略目标,是激化西方国家的经济矛盾,从而消灭西方资本主义国家。然而,对苏联来说,还有其他国际政治战略目标,即利用自己的经济实力,加强对东欧社会主义国家的控制,确保东欧社会主义国家的计划经济朝苏联希望的方向发展。因此,苏联不但拒绝了美国提出的"马歇尔计划",还反对其他社会主义国家接受美国的经济援助。虽然两次世界大战之间东欧国家的主要贸易对象是西方国家,但在苏联这一国际政治战略目标的影响下,到 1953 年,东方贸易集团的出口中 64% 输往集团内部,只有 14.4% 输往西欧,0.6% 输往美国和加拿大,0.5% 输往拉丁美洲。② 与此同时,东欧国家对苏联的经济依赖明显变大。例如,波兰成为向苏联出口煤炭的基地,匈牙利、保加利亚等国也不得不重点生产苏联需要的产品。

三、冷战后时期国际贸易行为的国际政治功能

冷战结束后,两极国际政治格局终结,东西方贸易关系的政治阻碍也随之消失,国际贸易关系作为服务于这一国际政治格局的"奴仆"被解放出来。在国际贸易关系迅速发展的今天,利用经济实力实现某种国际政治目的仍然是某些大国在制定对外经济政策时的重要考量因素。东欧剧变、苏联解

---

① J. E. 斯贝茹:《国际经济关系学》,储祥银、李同忠、谢岷译,对外贸易教育出版社 1989 年版,第 371 页。

② J. E. 斯贝茹:《国际经济关系学》,储祥银、李同忠、谢岷译,对外贸易教育出版社 1989 年版,第 373 页。

体,美国成为唯一的超级大国,并利用其在国际政治格局中的有利地位极力维护全球霸主地位。在世界经济紧密联系的今天,美国基于强大的经济实力在制定对外贸易政策时,有着明确的国际政治目的。例如,美国为控制中东石油,对伊拉克实施了长达近 15 年的经济制裁,还利用其在联合国和其他盟国的影响力联合实施贸易禁运,其目的无非就是想推翻对美持敌对态度的萨达姆政权。美国的这种对外贸易政策在一定程度上达到了其国际政治目的:严重削弱伊拉克的经济实力,使其丧失挑战美国在中东的霸主地位的能力。美国对古巴更是采取了极其严格的贸易禁运政策,不仅禁止本国企业与古巴发生贸易往来,还通过法案对跟古巴发生贸易往来的欧洲国家的企业实施制裁,力图使古巴陷入经济困境,最终推翻卡斯特罗的社会主义政权。自 2003 年伊朗核问题成为国际焦点以来,为阻止伊朗拥有核武器,美国推动联合国安理会通过了多个制裁伊朗的决议。2018 年,美国单方面退出伊核协议,随后重启并新增一系列对伊制裁措施。对伊朗实施武器禁运的核协议于 2020 年 10 月到期后,美国提出的延长对伊朗武器禁运的决议草案未获联合国安理会通过,随后又企图启动"快速恢复制裁"机制,但遭到拒绝。美国对伊朗的制裁给伊朗经济,特别是对外石油贸易造成严重创伤,但其霸道行径也使之在国际上也备受孤立。同样,为阻止朝鲜发展核武器,美国多次对朝鲜实施经济制裁。但由于朝鲜几乎是封闭的国家,与外界特别是西方国家的经济联系不紧密,美国的经济制裁并未达到预期目的。特朗普执政时期的中美贸易战是近年来美国利用对外贸易政策以达到其国际政治目的的典型表现。2018 年 3 月以来,美国政府对从中国进口的商品大规模征收关税。这场对华贸易战,是服务于其全球战略的,即阻止中国崛起,维持美国在全球的霸主地位。在全球经济一体化加速推进的背景下,中美贸易战给中国经济造成了短暂的困难,但美国也遭受了重大损失。为维护美国在东南亚的利益,推行西方民主价值观,美国利用对外贸易政策向缅甸军政府施压,迫使其将政权移交民选政府。2021年3月底,美国贸易代表办公室表示,暂停美国与缅甸的所有贸易往来,直到缅甸民主选举的政府回归为止。总之,大量历史事实表明,冷战结束后,美国为实现其国际政治目标而对别国实施经济制裁的行为明显增加。

其他大国和地区性的国际组织及全球性的国际组织的对外贸易政策也有实现某国或某组织的国际政治目标或者共同的国际政治目标的考量。近年来,俄罗斯多次利用其丰富的石油和天然气资源以达到维护国家安全、增强自身在地缘政治中的影响力等政治目的,2005年底的"天然气危机"就是一个典型案例。2005年12月中旬,俄罗斯与乌克兰就天然气价格问题出现争议。2006年1月1日,俄罗斯停止向乌克兰供气,由此引发了一场震惊全球的"天然气危机"。经过数小时的谈判,俄乌两国于2006年1月4日达成协议,俄罗斯重新恢复向乌克兰出口天然气。俄乌天然气事件看似纯属国际经济中的贸易纠纷事件,其深处则隐藏着俄罗斯的国际政治目的。苏联解体后,俄罗斯一直希望把乌克兰控制在自己的势力范围内。2004年是乌克兰的大选年,为了影响乌克兰总统大选,支持亚努科维奇,俄罗斯同意以每千立方米50美元的价格向乌克兰出口天然气。出乎俄罗斯意料的是,尤先科发动"橙色革命",击败了亲俄罗斯的亚努科维奇。尤先科上台后,乌克兰加快了加入北约和欧盟的步伐。俄罗斯认为,北约东扩的主要目的是把俄罗斯挤出传统势力范围,防范和遏制俄罗斯东山再起。乌克兰一旦加入北约,俄罗斯在其西北边境将因失去所有的缓冲地带而直接面临北约的军事压力。因此,尽管乌克兰一再表示,加入北约不会威胁到俄罗斯的利益,但俄罗斯仍然强调,如果乌克兰坚持加入北约,那么它将会重新考虑其与乌克兰的关系。2006 年 3 月,乌克兰举行议会大选。俄罗斯大幅度提升天然气价格,显然想以此影响乌克兰未来的议会选举,使乌克兰选民相信尤先科总统的亲西方政策损害了他们的利益,从而为反对派获胜创造有利条件。俄罗斯为了维护国家利益,实现地缘政治目标,不仅对乌克兰实行这种贸易政策,对格鲁吉亚、波罗的海三国等其传统势力范围内的国家也同样采取了这种贸易政策。

在当代国际政治格局中,国际组织发挥着越来越大的作用。为了实现共同的国际政治目标,某些国际组织会采取共同的贸易政策。欧盟作为当今世界规模最大的地区性国际组织就是这样。2006 年初,中东局势发生剧变,巴勒斯坦的哈马斯激进组织上台,欧盟同美国一道对哈马斯政权实施经济制裁,以迫使哈马斯放弃暴力并承认以色列存在权。自从伊朗核危机发生之后,欧盟同样采取了统一的经济贸易制裁政策,甚至在对待伊朗核问题上与美国产生了重大分歧。联合国是当今世界最具普遍性的全球性国际组织,成员国同样会为共同的政治目标对某国采取统一的贸易政策。例如,国际社会为迫使朝鲜放弃核计划,2006 年 10 月 14 日联合国安理会一致通过决议对朝鲜 2006 年 10 月 9 日进行的核试验表示谴责,并对朝鲜实施禁运制裁。决议要求联合国所有会员国对朝鲜实施与核武器及技术、大型武器和奢侈商品有关的商品禁运。在安理会通过制裁朝鲜的决议不久,虽然朝鲜表达了坚决的反对立场,但在外界的强大压力下,朝鲜不得不重返"六方会谈"。

在当代全球贸易体系中,除了东西贸易外,还有南北贸易。在南北这种既有"零和"又有"双赢"的贸易关系中,南北方国家的国际政治目标也是非常明确的。北方国家的国际政治目标是通过加强同南方国家的贸易关系,继续扩大经济优势,并在增强国家利益的基础上牢固确立在国际社会中的主导地位;同样,南方国家也力图通过加强同北方国家的贸易关系,在增强经济实力的基础上缩小同北方国家的差距,最终在不断扩大国家利益的基础上逐步提高自己在国际社会中的地位。

综上所述,从二战后的国际关系来看,国际贸易行为的政治化现象十分普遍。当代国际贸易关系在关贸总协定和世界贸易组织的影响下,许多贸易利益分歧和贸易利益冲突都可以通过多边谈判的方式来解决,各国在谈判过程中经常不断地做出让步,似乎国际贸易关系中的具体行为不再成为实现国际政治目标的手段,但真实情况却并非如此。各成员在关贸总协定和世界贸易组织中都有运用国际贸易关系中的具体行为作为实现国际政治目标的手段的意图。发达国家想依靠经济实力上的优势,通过谈判迫使发展中国家实行所谓的自由贸易,从中获得更多的贸易利益,并在进一步增加经济实力和综合国力的基础上,使自己在国际社会中的优势地位始终得到保持;而发展中国家想在经济实力较弱的条件下,通过谈判形成一些有利于自己的国际贸易制度安排,以便能发挥自身比较优势和后发优势,并在逐步提高其经济实力和综合国力的基础上,最终能提升自己在国际社会中的地位。从最终结果来看,无论是发达国家还是发展中国家,某种程度上说也确实达成了各自的国际政治目标。正是由于国际贸易的这种特殊功能,各国都力图通过国际贸易行为来获得更多的政治利益。正如马克思指出的:"资本只有一种生活本能,这就是增殖自身,创造剩余价值,用自己的不变部分即生产资料吮吸尽可能多的剩余劳动。"① 因此,可以说国际贸易行为的政治化现象忽视了资本的本能,与自由贸易的历史总趋势是相悖的。

① 《马克思恩格斯文集》(第5卷),人民出版社2009年版,第269页。

第三章

美国对外贸易的
经济与政治因素评析

美国作为当今世界唯一的超级大国和头号对外贸易大国,在当前国际经济政治因素深度融合的背景下,其对外贸易涉及的不仅仅是经济领域的问题,更多的是政治、外交等多个领域的问题。本章在简要梳理战后美国对外贸易发展历程的基础上,分析了战后美国对外贸易的主要特征,并运用现实主义国际政治经济学理论深度评析了美国的对外贸易行为,最终得出这些对外经济行为不仅具有明显的经济利益考量,而且还具有强烈的政治动机的结论。

第一节　战后美国对外贸易的发展历程

自人类工业文明诞生以来,任何国家的现代化都离不开对外贸易的发展。美国从一个落后的殖民地发展为世界唯一超级大国,对外贸易发挥着举足轻重的作用。自 1789 年 7 月 4 日美国政府颁布"关税法令"以来,美国对外贸易已有 200 多年的历史,可以说几乎是与美国的民族历史同时成长的。以贸易保护和贸易自由的国家对外贸易政策为划分标准,二战后美国的对外贸易大致经历了以下几个发展阶段。

一、战后至 20 世纪 70 年代初期：自由贸易

作为一个新兴的资本主义国家,为了增加国库收入,保护民族工商业,促进经济发展,从 1776 年建国到 1934 年《互惠贸易协定法》颁布之前,美国的对外贸易政策基本上可以确定为贸易保护主义,以维护正在崛起的大工业资产阶级和金融资本家的利益。二战结束后,美国的对外贸易政策实现了从贸易保护主义到贸易自由主义的历史性转变,主要体现在两个方面:一是调整本国的对外贸易政策法规。关税是对外贸易政策的主要内容,关

税税率的调整是对外贸易政策变化的晴雨表。1930 年 6 月,美国国会通过了臭名昭著的《斯慕特—霍利关税法》。在这一法案的推动下,美国平均进口税率为 53.2%,1932 年达 59%,达到了南北战争以来的最高峰。[①] 在《斯慕特—霍利关税法》的影响下,各国纷纷实行关税保护政策,全球出现了残酷的贸易战,国际贸易总额急剧萎缩,美国经济也陷入了严重瘫痪。于是,美国政府不得不寻求新的对外贸易政策以克服经济危机。1934 年,在罗斯福的推动下,美国国会通过了《互惠贸易协定法》,为美国推行自由主义贸易政策奠定了法律基础。该法案授权总统在三年之内可以不通过国会就缔结贸易协定,并且还授权他可以在 50% 的限度内提高或降低关税,并引进了无条件的最惠国贸易的概念。在此之前,美国法律并没有给予总统设定税率的权力,而是由国会设定税率。此后,美国政府利用《互惠贸易协定法》,打破关税壁垒,消除自由贸易障碍,使得贸易与资本不受行政干预而自由跨越国境,从而确立了自由主义的对外贸易政策方向,开始了长达 40 多年的以自由贸易为主导的对外贸易政策时期。

二是推动关税与贸易总协定的建立。在二战结束后 20 多年里,美国不仅与许多国家缔结了双边贸易协定,还积极倡导多边自由主义贸易。在美国的强烈主张下,23 个国家发起成立了第一个全球性多边贸易体制——关税与贸易总协定(简称关贸总协定)。该体制成为二战后半个多世纪国际贸易自由化的基石,从而将国际贸易从高关税和其他贸易壁垒中解放出来,并为解决国际贸易争议提供了一个平台。在关贸总协定体制下,从 1947 年到

[①]　刘厚俊等:《国际贸易新发展》,科学出版社 2003 年版,第 85 页。

1962 年,美国分别同西欧、拉美、东南亚各国签订关税减让协议,大幅度降低了各国的税率,实现了国际贸易领域内的多边主义、非歧视,以及商品和要素的自由流动。20 世纪 60 年代,西欧和日本经济得到快速恢复,部分发展中国家经济有所发展,尽管美国国际收支出现逆差,但美国政府仍然坚持贸易自由化的大方向。1962 年,美国国会通过《扩大贸易法》,授予总统减税和同欧共体谈判的权力,并对"免责条款"规定了较为严格的适用条件,使得政府难以实施贸易保护主义措施。在该阶段内,美国对外贸易关税税率一直呈下降趋势,20 世纪 30 年代美国工业品进口平均关税税率为 43.6%,40 年代下降至 24.1%,50 年代下降至 12%,70 年代降为 7.4%。在关贸总协定几个回合的谈判下,世界贸易额以年均 5.8% 的速度增长,而世界产出则以空前的年均 3.9% 的速度增长。[①]

总之,二战后至 20 世纪 70 年代初期,美国的对外贸易政策以自由贸易为主,依托多边框架进行。该贸易政策的精神内核源自美国开国元勋杰斐逊、麦迪逊等人平等、互惠、非歧视的思想。美国政府实行自由主义贸易政策的主要目的是增加美国的出口而不是进口,即通过与别国缔结通商条约互降关税,进而打开对方市场,从而为美国商品找到外销的出路,"是用扩大美国产品的国外市场来克服工业萧条"[②]。但是,美国这种自由主义贸易政

---

① 戴维·赫尔德等:《全球大变革:全球化时代的政治经济与文化》,杨雪冬等译,社会科学文献出版社 2001 年版,第 229 页。

② 陈宝森:《美国经济与政府政策:从罗斯福到里根》,世界知识出版社 1988 年版,第838 页。

策是针对资本主义阵营的盟国而言的,对苏联等社会主义阵营的国家则采取了禁运、封锁等保护主义贸易政策。

值得一提的是,美国推行的所谓自由主义贸易政策,是有条件的自由贸易,贸易保护主义一直与之相伴,是贸易保护前提下的自由贸易。例如,1947年在签署《关税与贸易总协定》之前,时任美国总统杜鲁门颁布了两条行政命令:一是在未来的贸易协定中加进一项免责条款(又称例外条款、逃逸条款、免除条款),当发现危害到任何国内利益时允许撤回关税上的让步;二是关税委员会可以对损害申诉予以调查并举行听证会,以决定是否动用免责条款。这两条命令也体现在了《关税与贸易总协定》中:《关税与贸易总协定》第 19 条规定了这一保障条款,以帮助因进口增加而受损害的厂商或工人进行调整,使之适应日益增加的进口竞争水平。[①] 此外,在《互惠贸易协定法》中加入了危险点条款,明确要求关税委员会确立美国工业的危险点,对早期关税与贸易总协定回合中美国的谈判立场构成较大的约束。为了保护美国的传统工业,美国还限制各国对美国出口这类商品,以避免对本国传统产业产生冲击。1950 年朝鲜战争爆发后,美国国会修订了 1934 年以自由贸易为精神的《互惠贸易协定法》,增列了用以保护农产品的国家安全条款和可以因进口产品对国内产业造成损害而提起申诉的免责条款,且禁止总统将关税税率降至严重损害国内产业和生产的水平。所有这些都表明,贸易保护主义在美国根深蒂固。

---

① 汪尧田、范淑蓉:《关税与贸易总协定基本文件汇编》,中国对外经济贸易出版社 1993 年版,第 125 页。

二、20 世纪 70 年代中期至 80 年代末期：公平贸易

20 世纪 70 年代中期以后，美国对外贸易政策发生了明显转变，抛弃了战后实行的自由贸易政策，转而实行所谓的公平贸易政策（也可称为新贸易保护主义政策），其实质是贸易自由和贸易保护的混合体。一方面，它延续了之前自由贸易政策中对自身经济发展有利的部分，保护正常贸易渠道，提高各国市场准入水平；另一方面，在自由贸易政策对美国经济发展不利的领域，推行贸易保护政策。这一政策的总目标是针对其他国家的"不公平贸易行为"，迫使外国市场向美国开放，保障美国获得更多的出口机会。美国对外贸易政策的调整是当时国际形势、经济环境、意识形态等因素综合作用的结果。20 世纪 70 年代中期，世界经济、政治格局发生了重大变化。一是美国经济陷入严重的滞胀。1973 年和 1978 年两次世界性石油危机，重挫了美国经济；1980 年，美国失业率升至 7%，通货膨胀率升至 13.5%。[1] 从 1980 年开始，美国对外贸易开始出现逆差。到 1987 年，美国贸易逆差达到 1703 亿美元。整个 80 年代，美国贸易逆差累计超过 1 万亿美元。[2] 与此同时，日本和西欧的经济得到迅速恢复和发展，对美国的贸易顺差呈连年增长态势。美国同日本、西欧之间的贸易摩擦不断上升，汽车、钢铁、半导体芯片等商品在美国国内外面临激烈的竞争。尤其是韩国、新加坡等一些新兴工业化国家实

---

[1]　马丁·费尔德斯坦：《20 世纪 80 年代美国经济政策》，黄范章、裴小革、王健等译，经济科学出版社 2000 年版，第 552 页。

[2]　刘厚俊等：《国际贸易新发展：理论、政策、实践》，科学出版社 2003 年版，第 94 页。

施出口导向战略,使得美国经济深受"不公平贸易"的打击。二是东西方关系得到缓和。由于政治经济发展的不平衡,东西方阵营发生了不同程度的分裂,苏联对西方国家的威胁减弱。因此,美国不用顾及其所采取的贸易保护措施会影响到西方国家政治上的团结。

1971年,美国总统尼克松宣布对进口商品一律征收10%的附加税,标志着战后美国对外贸易政策的根本转变。1974年,美国国会通过了《贸易改革法》,对1962年制定的《扩大贸易法》做了大幅度修订。该法提出了"公平而有害"与"不公平"的贸易概念,"公平而有害"是指符合公平竞争原则但不符合美国卫生、安全标准;"不公平"贸易行为是指利用关税和非关税壁垒限制美国商品进口、向美国倾销、向美国实行出口补贴等行为。《贸易改革法》为美国公平贸易政策的出台提供了法律依据,并授予总统更为广泛的权力,允许他在处理与国际贸易和对外事务有关的事宜时拥有更多的灵活性,表明美国贸易保护政策的回归,成为美国对外贸易政策的一个重要分水岭。1978年,美国总统卡特提出"自由贸易也必须是公平的贸易"的说法,从而使"公平贸易"成为对外贸易政策的基调。1979年,美国国会通过新的贸易法案,该法案声称美国坚持的是"自由而公正"的贸易原则。1974—1979年的5年间,美国国会共通过带有保护主义色彩的法案70多项,涉及钢铁、汽车、纺织品、机床、机械加工产品及多种农产品。与此形成鲜明对比的是,1951—1969年的18年间,美国国会通过的此类性质的法案仅50多项,而且多与农产品有关。1981年里根总统执政时,美国的贸易收支状况急剧恶化,到 1985 年对外贸易逆差达到 1321 亿美元。[①] 他明确表示,如果国际贸易不利于美国企业,美国政府将以强硬的态度实行贸易保护政策。他在"贸易政策行动计划"中正式提出"自由和公平贸易"的概念,并组成以商务部部长为首的贸易反击小组,以查明和制止外国的不公平贸易行为。1985—1986 年,美国贸易代表署根据《美国贸易法》第 301 条款对韩国、欧洲共同体、巴西等提出控诉,在多数情况下都成功让对方做出了让步。1988 年 8 月,美国实行《综合贸易和竞争力法》,强调对等互惠条件,使得"自由且公平"原则成为美国对外贸易政策的基石,进一步强化了对外贸易政策向公平贸易转变的趋势。

综上所述,美国的公平贸易政策主要有三方面的内容:一是美国和它的贸易伙伴都应该实行自由主义贸易政策;二是如果美国的贸易伙伴有"不公平"的贸易行为损害了美国利益,美国将视其为不公平贸易行为;三是美国通过双边谈判方式敦促对方改变其对外贸易政策、修改其有关的贸易法规或做出补偿性措施,如果通过双边谈判达不到目的,美国就会采取单边行动,即利用本国国内贸易法,对被认为有不公平贸易行为的贸易伙伴进行报复。

三、20 世纪 90 年代至今:单边主义贸易

由于美国对外不断推行所谓的公平贸易政策,引起了世界各国的强烈不满。20 世纪 90 年代以来,美国转而实施单边主义对外贸易政策,以维护其

---

① 陈宝森:《美国经济与政府政策:从罗斯福到里根》,世界知识出版社 1988 年版,第 864 页。

在全球贸易中的经济利益。单边主义贸易政策是在公平贸易政策的基础上向贸易保护主义的进一步发展，是保障公平贸易政策实施的一种极端形式。这种政策实际上是绕开关贸总协定或世界贸易组织的多边框架，用国内贸易法规而不是国际公认的贸易法规，来解决美国与其贸易伙伴的贸易争端。美国采取单边主义贸易政策的主要原因有三：一是由于世界上没有统一的"公平贸易"标准，美国可以单方面制定"标准"，这意味着美国可以肆意推行其贸易保护主义政策，以达到既自由又保护的双重效果。二是战略贸易理论为新贸易保护主义提供了理论依据，美国贸易决策者坚信"通过管理贸易和积极的单边主义拓展商务是最好的办法"[①]。三是美国与贸易伙伴的摩擦和纠纷不断，在依靠关贸总协定和世界贸易组织的框架不能维护自身利益的情况下，美国只能诉诸单边主义。

　　单边主义贸易政策是美国霸权主义和强权政治在国际贸易领域的典型表现，在冷战后的克林顿政府、小布什政府、奥巴马政府尤其是特朗普政府时期都有充分的体现。1993 年 9 月，克林顿政府推出"国家出口战略"，把扩大出口、打开他国市场作为政府外交活动的主要内容。一方面，以"对等""公平"贸易为借口，迫使其贸易伙伴向美国企业开放市场；另一方面，广泛使用反倾销和反补贴等措施，保护美国的企业和市场。小布什执政时期，美国采取单边主义外交政策，单边贸易保护主义更是大行其道。例如，2002 年 3 月，美国政府宣布根据"201 条款"对进口的钢铁实施为期 3 年的关税配额

　　① 刘运顶：《论 20 世纪 90 年代美国贸易政策中的单边主义》，《财经问题研究》2001 年第 5 期。

或征收 8% ~ 30% 的进口附加税。同年 5 月,小布什签署农产品补贴法案,不但包括对农作物的补贴,还包括对农产品出口、农业区的发展,以及消除饥饿等方面的补贴。2003 年 11 月,美国宣布对中国织布、袍服和胸罩三种纺织品实施进口配额限制。奥巴马政府对主要贸易伙伴开展的反倾销和反补贴调查不计其数,奥巴马也因此被国外多家媒体扣上"贸易保护主义分子"的帽子。特朗普政府以"美国优先"为执政纲领,宣扬以美国为基准的"公平贸易",声称将采取一切有效手段打击他国的"不公平贸易"。特朗普政府的贸易政策具有很强的单边主义特征,认为一个对美国有潜在好处的、真正的跨太平洋自由贸易协定,等同于与中国的自由贸易协定。没有中国的加入,现有的跨太平洋伙伴关系协定(Trans-Pacific Partnership Agreement,TPP)对美国而言是没有意义的。于是,特朗普上任后的第一道命令就是退出 TPP。在退出 TPP 之后,特朗普接着声称要退出北美自由贸易协定(North American Free Trade Agreement, NAFTA)。特朗普认为,NAFTA 没有让美国、墨西哥和加拿大达到共赢,后两国对美国的市场开放是不足的,它们从协定中获益更多,而美国没有得到实质性的利益。这一威胁产生了作用,加拿大和墨西哥两国都做出了让步。2017 年 8 月,三国启动更新 NAFTA 的谈判。2018 年 12 月,三国签订了取代 NAFTA 的新协定,即《美国—墨西哥—加拿大协定》(The United States - Mexico - Canada Agreement,USMCA)。在奥巴马任内,美国与韩国签订了自由贸易协定。特朗普一上任即表示,如果韩国不做出让步,美国将退出与韩国的自由贸易协定。在美国的压力之下,韩国不得不做出让步,部分地满足了美国的要求。之前,奥巴马极力推动美国与欧洲跨大西洋贸易与投资伙伴协定（Transatlantic Trade and Investment Partnership Agreement，TTIP）的谈判。然而，特朗普上台伊始就中止了这一谈判。特朗普一再指责在双边贸易关系上，欧洲对美国的贸易保护主义是严重的，如在汽车和农产品领域。于是，特朗普执政时期美欧之间有关 TTIP 的谈判处于停滞状态。特朗普多次抨击世界贸易组织的低效，试图绕开世界贸易组织规则，利用美国国内法规对主要贸易顺差国施加压力。2017 年 3 月，美国贸易代表办公室发布《2017 年总统贸易政策议程》，强调美国政府将"毫不犹豫地采取一切可能的法律措施，对继续实施不公平贸易活动的贸易伙伴采取行动"，并将"利用一切可能的杠杆，鼓励其他国家给予美国生产商公平、互惠的市场准入"。尽管这些单边主义对外贸易行为明显违反了 WTO 的自由贸易原则、透明度原则及非歧视原则，但由于 WTO 解决贸易争端奉行所谓的"不告不理，判错就改，既往不咎，不用补偿"原则，因此，即使美国的单边主义贸易行为在 WTO 败诉，也会在 WTO 框架内达到保护其贸易利益的目的。

综上所述，二战后贸易自由和贸易保护之间的斗争始终贯穿着美国对外贸易的发展历程，是一个从贸易保护到贸易自由，又从贸易自由到极端贸易保护的过程。二战后 70 多年来，美国对外贸易政策构成了以自由贸易换取对等条件、以公平贸易保障自身利益、以单边主义强制实施保护贸易利益的三个层次的对外贸易政策逻辑体系。

第二节　战后美国对外贸易的主要特征

不同历史时期美国的对外贸易有着不同的特征。美国在二战中获得了巨大的经济利益。战后初期，美国工业生产总额占资本主义世界总额的60.2%，出口总额占32.2% 黄金储备200多亿美元，占世界总额的75%，海外投资187亿美元。[①]1945 年，国际货币基金组织和世界银行的建立，标志着以美国为主导的国际经济新秩序得以正式确立。强大的经济基础和有利的国际经济秩序使得战后美国的对外贸易，与其他历史时期相比呈现出各种有别于他国的特征。

一、对外贸易范围广

由于历史和地理上的原因，建国初期，美国的对外贸易范围主要集中在北美洲和西欧。近代以来，随着几次工业革命的相继完成，美国的社会生产力飞速发展，其对外贸易范围逐步延伸至世界各个角落。美国对外贸易范围的不断扩大，是不以人的主观意志为转移的客观的历史进程，是美国社会生产力发展的必然结果，本质上是由资本的逐利性决定的。战后，基于强大的经济实力和军事实力，美国的对外战略是全球性的，对外贸易服从于国家的对外战略，因此，美国的对外贸易从地理上涵盖了全球各个地区。从贸易对象的分布来看，美国是独一无二的全球性贸易大国，其商品销售的地域从美

---

① 周敏凯：《当代世界政治经济与国际关系》，高等教育出版社2002 年版，第230 页。

洲、欧洲、中东、亚太拓展到世界各地：既有发达国家，又有发展中国家；既有资本主义国家，又有社会主义国家。

21 世纪以来，美国十大贸易伙伴基本上保持稳定，以 2019 年为例，其十大贸易伙伴依次为加拿大、墨西哥、中国、日本、英国、德国、韩国、荷兰、中国香港、比利时（见表 3-1）。美国与加拿大、墨西哥地理上相邻，在 NAFTA 框架下，两个邻国一直是美国最大的贸易伙伴和海外市场，美国对这两个国家的贸易额占美国对外贸易总额的 35% 左右。从出口规模看，加拿大是美国的主要出口市场，2019 年出口加拿大的贸易总额为 2933 亿美元，占美国出口总额的 17.7%。① 南美的巴西在新兴经济体中也占据了非常重要的地位，按照出口值计算，美国对巴西的出口略超过对日本的出口。西欧是美国的传统盟友，也是冷战的前沿阵地，与美国拥有共同的价值观和文化传统，美国对西欧国家的贸易主要是在欧盟框架下进行的。早在冷战初期，为了防止西欧国家因经济萧条而投靠社会主义阵营，美国动用战争中积累的巨大财富，对西欧实施了马歇尔援助计划。近年来，欧盟 27 国（不包括英国）是美国双向贸易的最大贸易伙伴。东欧剧变、苏联解体后，美国更是积极发展同东欧国家的贸易关系，以应对俄罗斯的威胁。亚太地区是近年来世界经济增长最快的地区，中国已经连续数年成为美国出口增长最快的市场，美国是中国经济增长和贸易开放的主要受益国。长期以来，非洲并不是美国对外贸易的关注地，但随着这一地区经济的发展和战略位置的凸显，美国与非洲国家的

---

① 安德烈斯·施瓦曾伯格：《美国商品贸易和服务贸易：变化与挑战》，王宇译，《金融发展研究》2020 年第 7 期。

贸易也有所发展,尤其是经济状况较好的或拥有丰富自然资源的国家,如南非、埃及、利比亚等国。

表 3-1　2019 年美国对外贸易前十大市场

排名	贸易市场	占美国对外贸易总额的比例 / %
1	加拿大	18.6
2	墨西哥	15.7
3	中国	7.7
4	日本	4.2
5	英国	3.7
6	德国	3.3
7	韩国	2.9
8	荷兰	2.7
9	中国香港	2.5
10	比利时	2.3

资料来源：U.S.Census Bureau.

二、对外贸易种类多

立足于全球霸权的国际战略,为了尽可能赚取更多的经济利益,战后美国对外贸易的种类之多,是世界上任何时候任何贸易大国所不及的。按照不同的分类标准,现代贸易可分为服务贸易和货物贸易、出口贸易和进口贸易。自国际多边贸易体系创建以来,美国服务贸易和货物贸易总体上保持着持续增长的态势(见表3-2)。作为头号贸易大国,美国的出口贸易在其经济发展中具有基础性作用。近年来,尽管面临新的全球竞争格局,美国出口贸易仍基本上保持着其在国际市场上的核心竞争力。过去30多年,在美国的出口贸易中,服务贸易与货物贸易结构基本稳定,服务贸易约占30%,货物贸易约占70%。2019年,美国商品出口总额为1.7万亿美元,主要出口产品是资本密集型产品,类别包括机械、电子设备、矿物燃料、车辆、飞机和航天器、医疗技术设备等(见表3-3)。同期,美国商品进口总额为2.5万亿美元,主要进口类别包括机械、运输、化学品、塑料和皮革、矿产等。先进技术产品(advanced technology products,ATP)出口在美国出口贸易中始终居重要地位,自20世纪90年代信息产业崛起至今,美国先进技术产品出口占全部货物出口的比重稳定在20%以上。从全球价值链和国内附加值(domestic value-added)的视角看,美国主要出口产品的国内附加值一直维持在80%以上,批发和零售贸易的国内附加值高达95.3%,化学产品高达82%,运输和仓储高达89.5%。与世界其他主要贸易国相比,美国出口产品中的国内附加值比例明显居高位(见表3-4)。

　　美国服务贸易进出口主要分为7类:旅游、票房收入、其他运输、技术转让、私人服务、军用销售合同下的转让、政府各种服务。其中私人服务、旅游和技术转让占出口的前三位,旅游、私人服务和其他运输占进口的前三位。美国是服务经济大国,服务业占其GDP总量的近70%,占全部就业的80%。

美国也是世界上最大的服务贸易国,2013 年,美国商业服务进出口分别占全球总量的 9.8% 和 14.3%。2015 年,美国服务业出口达 7508 亿美元,在 2005 年的基础上翻了一番,服务贸易保持了长期持续的顺差。[①]2019 年,美国服务出口增至 8452 亿美元,服务进口增至 5954 亿美元。欧盟 27 国是美国服务贸易的最大出口市场和最大进口来源地,占美国服务出口总额的 22.6%,占美国服务进口总额的 24.8%。[②]

表 3-2　1990—2016 年美国对外贸易统计数据　（单位：百万美元）

年份	总额	服务贸易总额	货物贸易总额
1990	−80864	30173	−111037
1991	−31135	45802	−76937
1992	−39212	57685	−96897
1993	−70311	62141	−132451
1994	−98493	67338	−165831
1995	−96384	77786	−174170
1996	−104065	86935	−191000
1997	−108273	90155	−198428
1998	−166140	82081	−248221
1999	−258617	78450	−337068
2000	−372517	74266	−446783

① 张丽娟:《美国贸易政策的政治经济学》,经济科学出版社 2017 年版,第 212 页。

② 安德烈斯·施瓦曾伯格:《美国商品贸易和服务贸易:变化与挑战》,王宇译,《金融发展研究》2020 年第 7 期。

续表

年份	总额	服务贸易总额	货物贸易总额
2001	−361511	60858	−422370
2002	−418955	56290	−475245
2003	−493890	47754	−541643
2004	−609883	54882	−664766
2005	−714245	68558	−782804
2006	−761716	75573	−837289
2007	−705375	115821	−821196
2008	−708726	123765	−832492
2009	−383774	125920	−509694
2010	−494658	154020	−648678
2011	−548625	192020	−740646
2012	−536773	204398	−741171
2013	−461876	240368	−702244
2014	−490176	261993	−752169
2015	−500361	262203	−762565
2016	−500560	249365	−749926

资料来源：U.S.Census Bureau，数据均为国际收支口径。

表 3-3 2019 年美国出口额最大的十类商品

排序	出口产品类别	出口总额比例 / %
1	机械类	13.7
2	电子设备	11.3

排序	出口产品类别	出口总额比例 / %
3	矿物燃料（包括石油）	7.1
4	机动车辆（不含火车和有轨电车）	8.4
5	飞机和航天器	8.7
6	医疗技术设备	5.5
7	珍珠宝石贵金属和硬币	3.9
8	塑料	4.0
9	有机化学	2.6
10	医药产品	3.1
全计		68.3

资料来源：U.S.Census Bureau.

表 3-4　美国及其主要贸易伙伴出口总值中的国内附加值比较　（单位：%）

年份	美国	中国	加拿大	墨西哥	日本	德国
1995	87.8	66.4	75.6	72.5	94.2	84.6
2011	84.3	66.9	76.2	68.0	85.0	73.5

资料来源：WTO，"Trade in Value-added and Global Value Chains:Statistical Profiles".

三、经济政治利益并重

国际贸易本来只是全球经济正常运行必经的一个环节，它的功能是促进资源在全球范围内的优化配置，达到优势互补，加快全球经济增长的目的。但在当前国际经济政治相互交织的背景下，贸易既涉及经济利益，也攸关地缘政治利益。对于超级大国美国而言更是如此,其对外贸易政策作为国家整体宏观经济政策和国家战略决策的重要组成部分,经济政治利益并重是其重要特征。

维护和扩大国家利益是任何国家对外交往的根本出发点和落脚点,美国对外贸易尤其强调本国利益至上,无论是贸易保护政策还是贸易自由政策都是国家利益在贸易领域的反映。

（一）贸易政策是为了获取最大经济利益

对外贸易是经济增长的引擎,在一国的经济活动中扮演着重要角色。[①]美国对外贸易政策始终秉承"互惠"的核心理念,尽管贸易自由与保护贸易这一对矛盾始终贯穿其中,但根本目的都是最大限度地获取经济利益。为此,当它的经济在国际竞争中处于压倒性优势或相对优势地位时,它就高唱自由贸易的赞歌,极力推行多边主义或全球主义。例如,二战结束后美国经济在全球一枝独秀,1955 年美国出口商品总值为 155 亿美元,1972 年增至 490 亿美元,进口商品总值为 116 亿美元,1972 年增至 553 亿美元。[②]与此同时,西欧、日本等传统经济强国的经济处于恢复当中,无力与美国竞争。于是,美国高举国际自由主义贸易大旗,主张建立世界多边贸易体系和统一的国际经济秩序。早在 1899 年 9 月,美国就向英、法、俄等六国政府提出在中国实行所谓"门户开放"政策,以使美国也享有均等的机会,达到"利益均沾"。这一对外政策的提出也是基于美国强大的经济实力,其在 1894 年已成为世

---

① 赵春明:《国际贸易学》,石油工业出版社 2003 年版,第 2 页。

② 周敏凯:《当代世界政治经济与国际关系》,高等教育出版社 2002 年版,第 230 页。

界第一工业强国。

而当美国经济不能同他国经济进行竞争或在竞争中处于不利地位时,它就指责他国搞不公平贸易,从而举起保护主义大旗,推行"侵略性"单边主义。对局部产业的贸易政策,这种现象同样存在。在美国已成熟或有优势的产业中,美国主张自由贸易,要求其他国家开放市场;在美国不成熟或处于劣势的夕阳产业中,美国则以关税与非关税手段极力保护本国产业,不断采取保护措施甚至以政治威胁的方式以维护国家经济利益。例如,美国经济在20世纪50年代升至顶峰后,在世界经济中的优势地位呈下降趋势。1971年,美国出现了1893年以来的第一次贸易赤字。为了保护美国经济免受通货膨胀的冲击,尼克松政府采取了对美国进口商品征收附加税的经济措施。20世纪80年代,为解决美国巨额贸易赤字问题,美国强迫西方主要发达国家签订《广场协议》,诱导美元对主要货币的汇率有序贬值,来增加美国产品的出口竞争力。学术界普遍认为,《广场协议》的签订,致使日元大幅升值,日本国内泡沫急剧扩大,是日本经济在20世纪90年代长期停滞的关键因素,美国成功扼杀了在国际市场上与其竞争的强大对手。其实,美国对外贸易政策也大致反映了美国经济融入世界经济的历程。当全球孤立主义盛行时,实行保护贸易,提高关税税率;当开放主义得势时,则降低关税税率,贸易自由化进程加快。

（二）贸易政策服从于国家整体战略

对外贸易政策作为国家对外政策的重要组成部分,从来都是服从于国家整体战略的。对于战后的美国而言,其贸易政策服从于美国的对外霸权战略,为维护美国的全球霸主地位服务。对外贸易政策成为美国推行其价值观和意识形态,实现其国际政治目标的重要手段。冷战时期,美国对东欧社会主义阵营的贸易封锁就是很明显的例子。1959 年,古巴社会主义革命取得胜利,成立了古巴共和国。美国于 1962 年开始对古巴实施长达几十年的全面贸易禁运,重创了古巴经济。奥巴马政府推动签署的《跨太平洋伙伴关系协定》(TPP)和《跨大西洋贸易与投资伙伴关系协定》(TTIP)将中国排斥在外,以及特朗普政府对中国发起的贸易战,其政治目的更是清晰明朗,即从贸易领域对中国极限施压,从经济上遏制中国发展,防止中国对美国在亚太地区乃至全球的霸主地位构成威胁,迫使中国的内政外交沿着有利于美国的方向发展。2021 年初,缅甸发生军事政变,美国政府随后宣布对缅甸军政府实施贸易制裁,暂停与缅甸的所有贸易往来,其目的就是对缅甸当局的内外政策施加影响,在该国推行西方的价值理念和意识形态。

第三节 美国对外贸易的经济因素考量

对外贸易作为一种国际经济交往行为,其本质目的是获取经济利益。冷战时期,军事实力是构成国家权力的关键,经济实力只是作为一国军事实力的基础在国家权力中发挥作用,尚未成为和军事实力并列的直接作用于国家权力的独立要素。20 世纪 90 年代以来,国家之间的竞争由原来的政治和军事实力为主的竞争转变为以经济为基础的综合国力的竞争,经济因素在国家权力构成要素中的地位日益凸显。二战后,美国历届政府高度重视对外贸易,有着明显的经济因素考量,包括国际经济因素和国内经济因素。

一、美国对外贸易的国际经济因素

列宁在《帝国主义是资本主义的最高阶段》一文中指出:"帝国主义是资本主义的垄断阶段。"他把帝国主义的基本经济特征精辟地概括为五个方面:①生产与资本集中发展,以致形成了在经济生活中起决定作用的垄断组织;②银行资本和工业资本已经融合起来,在这个金融资本的基础上形成金融寡头的统治;③和商品输出不同的资本输出具有特别重要的意义;④瓜分世界的资本家国际垄断同盟已经形成;⑤最大资本主义列强已把世界上的领土瓜分完毕。①当代美国虽然在一些具体内容和表现形式上有了新的变化,但是从本质上看,仍然具有列宁所提出的关于帝国主义的基本特征。美国依然是列宁所指的帝国主义国家,是一个典型的垄断资本主义国家,这主要体现在生产的集中和垄断,以及对世界市场的占有上。②

表面上看,20 世纪 90 年代以来,美国的经济总量和制造业产值占世界总量的比例都呈现下降的趋势,但当代国际贸易的快速发展在一定程度上掩盖了物质生产和价值占有出现一定背离的事实。实际上,随着美国对创新要素和金融资源垄断的加强,当前美国对生产的控制反而大大超过了以往

---

① 《列宁选集》(第 2 卷),人民出版社 2012 年版,第 650-651 页。

② 陈江生、沈非、张滔:《论美国对华贸易战的本质——基于〈帝国主义论〉视角》,《马克思主义研究》2019 年第 11 期。

任何时期。冷战结束后,经济全球化进程明显加快,全球统一市场逐步形成,各国对全球市场份额的争夺日趋激烈,纷纷通过内部扩张、横向并购和强强联合等形式,扩大企业规模,增强国际竞争力,以获取市场垄断地位。在这个过程中,美国企业凭借先进的技术优势和雄厚的资本力量,在全世界"开疆拓土"。逐利是资本的天然本性,马克思曾对资本的罪恶性做了无情的揭露:"……资本来到世间,从头到脚,每个毛孔都滴着血和肮脏的东西"[①]。由于落后地区可以为垄断资本提供廉价生产资料和产品销售市场,并为过剩资本提供有利的投资场所,成为全球资本抢夺利益的战场。当代美国依然在利用一切可用之手段瓜分或重新瓜分世界市场,以达到获取垄断高额利润的目的。在历年世界 500 强排行榜中,美国上榜企业数常年位居第一,1996年就达到 99 家,2006 年为历史最高峰,高达 170 家;2017 年依然有 126 家企业上榜,遥遥领先。[②] 这些企业覆盖了银行业、互联网产业、化工业等"最赚钱"的行业,集中了这些行业的生产资源,垄断了大部分产业的主导权和市场。以信息产业为例,自 1993 年克林顿政府推出"信息高速公路"战略以来,美国积极推动现代信息技术进步,相关应用和产业呈现突飞猛进的发展势头,在科技领域的生产集中发展到极高程度,确立了垄断地位。近年来由美国苹果公司开发的 iOS 操作系统和由美国谷歌公司开发的安卓操作系统一直占有很高的世界市场份额,处于完全垄断地位,以至高德纳咨询公司不再为其他操作系统推出排名分析。

---

① 《马克思恩格斯文集》(第 5 卷),人民出版社 2009 年版,第 871 页。

② 数据来源:财富中文网数据库,http://www.fortunechina.com/fortune500/node_65.htm/.

总之,美国垄断资本不仅垄断了国内的各行各业,而且向全世界扩展,这是资本主义发展的必然逻辑,是美国国内生产力发展的必然结果,反映了资本主义发展的本质。因此,从国际经济因素视角分析,美国政府极力发展对外贸易,是顺应国内垄断资本对外经济扩张的现实需要。首先,将国内过剩的资本输出,以便在国外谋求高额利润。其次,将部分非要害的技术转移到国外,以取得在别国的垄断优势,攫取高额垄断利润。再次,维持和扩大美国商品的海外销售市场。最后,确保原材料和能源的来源可靠。这些经济上的动因与垄断资本主义政治、文化、外交上的利益紧密联系在一起,相互交织发挥作用,共同促进了美国垄断资本主义向世界范围的扩展。

二、美国对外贸易的国内经济因素

对于任何国家而言,发展对外贸易的根本目的是稳定和发展国内经济,扩大经济总量,改善人们的生活水平。从国内经济因素视角分析,美国政府极力发展对外贸易,主要有赚取外汇和增加就业机会两方面的考量。

（一）赚取外汇是保持国际收支平衡的重要举措

产生于 16 世纪中期英国的重商主义理论认为,一个国家保持贸易顺差,即出口多于进口是最有利的,这是"增加国家财富的通常做法"[①]。为此,进口应受到关税和配额的限制,而出口应得到补贴。早期重商主义主张对外贸易政策的原则应是增加国内货币的积累,其途径是采用行政或法律的手段禁止货币外流,实行贸易保护政策。晚期重商主义批评了早期重商主义的货

[①]　查尔斯·希尔:《今日全球商务》,孙建秋、邹丽等译,机械工业出版社 1999 年版,第 100 页。

币差额论,提出贸易差额论,认为货币只有投入流转才能增多,而对内贸易不能使国家致富,对外贸易才是国家致富的唯一手段,因而提出奖出限入的对外贸易政策,强调国家干预对外贸易,以保持贸易顺差。重商主义理论深刻揭示了国际贸易产生的动机和原因,并为各国政府提供了有重大影响的对外贸易政策建议。受重商主义理论影响,力争贸易顺差,尽可能赚取外汇以保持国际收支平衡成为各国对外贸易政策的最大公约数。

20世纪70年代以前,美国货物贸易和服务贸易进出口基本保持顺差,70年代以后开始出现逆差,且呈逐年加大的趋势。与此同时,日本和欧盟对美国国际收支状况有所改善,日本对美国的国际收支经常账户顺差进一步加大,其顺差额占美国对外贸易逆差总额的40%左右。国际收支状况和美国国内的财政赤字,迫使美国政府调整对外贸易政策,以赚取更多的外汇来保持国际收支平衡。例如,80年代,为解决巨额贸易赤字问题,美国与日、德、法、英等国签署《广场协议》,决定联合干预外汇市场,进而引发美日"贸易战"。中美建交40多年来,两国货物贸易额从1979年的25亿美元增长到2018年的6335亿美元,增长了约252倍;服务贸易额超过1250亿美元,双方直接投资累计近1600亿美元。据中国商务部统计,2018年中国对美国的货物贸易顺差为3233.3亿美元。按照美方统计,2017年在美国5660亿美元的贸易逆差中,来自中国的贸易逆差为3752亿美元,占总额的66.3%;2018年美国对华贸易逆差增至4191.6亿美元。[①]虽然中美双方的统计结果存在

①　《关于美国在中美经贸合作中获益情况的研究报告》,中华人民共和国商务部网站,http://www.mofcom.gov.cn/article/ae/ai/201906/20190602870809.shtml.

较大的偏差,但都表明了这样一个事实:两国存在巨大的货物贸易差。为确保国际收支平衡,特朗普政府采取了一系列措施力图扭转美中贸易逆差过大的状况。在中美贸易战初始阶段,中美双方达成了一个"100 天"计划试图扭转双方的贸易逆差。随着贸易战的升级,美国政府进一步加大了施压力度,从加剧阶段到相持阶段,征税的商品总额突破 2000 亿美元级别。2019年 5 月,美国宣布将对中国另外 2000 亿美元的商品加征关税,税率由 10%提高到 25%。8 月,美国又提出将从 2019 年 9 月 1 日起对另外 3000 亿美元的中国输美商品加征 10% 的关税。在对华商品征税的范围上,先是对电子、机械、半导体、航空航天等商品加征关税,后来加征范围逐渐扩大,几乎囊括所有的中国输美商品。尽管中美贸易逆差形成原因复杂,且根源在美国自身。但在中美贸易谈判有所进展时,中国释放出了愿意大量采购美方商品的信号。2017 年 11 月,美国总统特朗普访华期间,中美签署了超 2500 亿美元的贸易协议,创下了世界经贸史上的纪录。2020 年 1 月 15 日,中美签署第一阶段经贸协议,中国两年内自美国采购和进口农产品、能源产品等不少于 2000 亿美元。由此可以看出,特朗普政府用贸易手段以实现其短期的非战略性目的是十分明显的,即减少美国的贸易逆差,让美国获得更多的经济利益。

（二）增加就业机会是获取民众支持的有效手段

对外贸易中的出口贸易对稳定就业和增长就业的贡献是美国出台国家出口战略的主要依据和根本出发点。即使是在 2008 年金融危机时,美国出口对就业的贡献也是十分显著的。当年,美国出口创造了 1000 多万个就业机会,占当年就业总量的 6.9%。①2010 年 3 月 11 日,美国总统奥巴马颁布行政命令,实施"国家出口倡议",目标是在未来 5 年内实现出口翻番,提供 200 万个就业岗位。2010 年,每 10 亿美元货物出口创造了 6100 个就业岗位,每 10 亿美元的服务出口创造了 4300 个就业岗位。2011 年,美国出口总量和出口占经济总量的比重均达到历史高峰。这一年,每 10 亿美元的出口创造了 5080 个就业岗位。② 美中贸易全国委员会会长克雷格·艾伦(Craig Allen)撰文称,"美国对华出口自始至终支撑着美国约 100 万个就业岗位",意思是有 100 多万美国人受雇于依赖对华出口的企业。2019 年美国商业圆桌会议的一份研究报告指出,加利福尼亚州多达 20% 的就业岗位依赖于国际贸易,对华出口支撑了约 14.6 万个就业岗位。由此可见,出口贸易可以与美国的民生联系起来,为民众提供了大量就业机会,它对稳定和创造就业岗位有着巨大的支撑作用。

美国政府对华发动贸易战的动机之一就是重振美国制造业,增加蓝领产业工人就业岗位。伴随着经济全球化的不断推进,美国传统制造业通过对外直接投资,实现生产要素的全球优化配置,寻求利润最大化。其中,中国凭借巨大的资源和市场优势受到美国众多跨国公司的青睐。然而,在美国制造业

---

① John Tschetter, "Exports Support American Jobs," International Trade Administration, International Trade Research Report, 2010.

② Chris Rasmussen, Martin Johnson, "Jobs Supported by Exports,1993—2011," Manufacturing and Services Brief,No.8.US Department of Commerce, International Trade Administration, October 2012.

生产线大量迁往国外的同时,国内逐步出现了产业空心化和蓝领工人失业率上升的局面。根据美国经济分析局数据,1998—2019年,美国制造业就业人数占国内就业总数的比重逐年下降。1998年,制造业就业人数的占比为14.6%;2019年,这一比例已降至8.9%。其中,作为传统制造业的代表,金属制造业、化工业和机械制造业就业所占比重分别由2.0%、0.8%和1.3%降至1.3%、0.6%和0.8%。因此,重振美国制造业,尤其是以升级经贸摩擦的方式实现传统制造业回流,进而增加美国蓝领产业工人的就业,成为特朗普任期的主要施政目标。该目标在很大程度上影响了其当选后的许多重大决策,尤其是贸易政策选择。美国以往的总统主要依靠贸易调整援助等救济手段来救助因自由贸易而利益受损的工人,而特朗普更强调通过增加工作岗位的方法来解救遭遇困境的工人。他在就职典礼上强调"人民不再依靠福利,而是回到工作岗位",并且承诺将遵循"两条最简单的原则——买美国商品,雇美国工人"。特朗普错误地把工作机会流失归咎于"自由但不公平"的国际贸易,认为其他国家"生产了本属于我们的商品,偷走了本来要投资在我们国土上的公司,毁掉了我们的工作机会"[1]。在他看来,改变前任总统的贸易政策是增加就业机会的必然选择。2020年拜登赢得美国总统大选的胜利很大程度上也是得益于威斯康星州、宾夕法尼亚州和密歇根州等传统"锈带州"的支持,制造业回归,增加蓝领工人就业岗位同样是其首先要履行的竞选承诺之一。

---

[1]　"President Donald J.Trump's Inaugural Address," The White House,January 20,2017,http://www.whitehouse.gov/inaugural-address.

综上所述,从经济因素来看,为了垄断资本的全球扩张,赚取巨额外汇,增加就业岗位,美国政府大力发展对外贸易,不断加强对世界市场的抢夺。垄断资本家、企业家以及众多的普通美国国民都是美国对外贸易的经济利益享受者。因此,他们或是通过院外游说集团或是通过政治献金等方式影响着美国政府的对外贸易决策。必须强调的是,虽然经济利益是美国做出对外贸易决策的重要考量因素,但经济因素从来都服从和服务于美国的对外总体战略,只有与对外总体战略一致时才能显示出其作用。

第四节　美国对外贸易的政治因素考量

"在全球化时代,各国相互依存度越来越高。任何重大的国际问题,只有从经济和政治两个层面进行考量,方能得出全面客观的结论,这是马克思主义政治经济学的优良学术传统,也是政治经济学的拓展学科和交叉学科即国际政治经济学的主旨。"[1] 在国际经济政治相互交织的时代,美国对外贸易受经济因素和政治因素的共同影响。最大限度地获取经济利益是美国对外贸易遵循的基本准则,但国家政治利益至上是这一准则的基石。冷战时期,美国对外贸易的经济利益即服从于国家的政治利益。冷战结束后,虽然美国对外贸易

---

① 程恩富、李静:《"一带一路"建设海上合作的国际政治经济学分析》,《管理学刊》2021 年第 2 期。

的经济因素考量有所增加,但随着其全球霸主地位的逐渐动摇,政治因素考量显著增加,既包括国际政治因素,也包括国内政治因素。

一、美国对外贸易的国际政治因素

国际社会是人类各个政治共同体或国家及其成员间相互交往关系的总和,或指因共同的物质条件而相互联系在一起的世界共同体。[①] 国际政治是各国在国际社会无政府状态下的博弈,各国参与这种博弈的中心任务是在获取资源和权力的基础上,或力争摆脱他国对本国的控制,或继续迫使他国服从本国的意志,最终确立本国在国际社会中的有利地位。美国对外贸易的国际政治目标也就是战略性目的,在于通过压力迫使相关方遵照美方的意愿行事,进而维持或获取更多的相对优势,确保其长期的战略竞争力。从国际政治的这一本质属性来看,美国对外贸易的国际政治因素主要包括以下内容。

（一）保持强国地位,实现独霸世界的梦想

二战结束至今 70 多年来,美国的综合国力始终位居世界第一。这一过程中由于苏联、西欧国家、日本及中国的实力增长,美国始终未能实现独霸世界的梦想,世界头号强国的国际地位也时常受到挑战。为了打压苏联及迅速崛起的西欧国家、日本和中国,长期保持世界第一强国的国际地位,美国经常对这些国家采取针对性的贸易措施。

---

① 宋新宁、陈岳:《国际政治学概论》,中国人民大学出版社 2000 年版,第 56 页。

冷战时期,苏联是唯一能对美国的世界霸主地位构成威胁的国家,美国的一切外交政策都服从于"反苏"这一总体外交战略。二战结束后不久,杜鲁门政府便发动"冷战",开始实施遏制苏联的"集体安全"战略,而军事援助和经济援助便是推行这一战略的两大支柱。1947年3月12日,美国总统杜鲁门在向国会提出的关于援助希腊和土耳其的国情咨文中,明确阐述了向这类国家提供军事援助和经济援助对遏制苏联和维护美国安全利益的重要性。杜鲁门在这篇咨文中所提出的对外政策,就是后来所称的"杜鲁门主义"。它是美国在战后打着反对共产主义扩张的旗号,大张旗鼓地夺取世界霸权的宣言书,它公开地向全世界宣称了美国把军事和经济援助作为推行美国霸权主义的工具。

20世纪70年代,国际政治经济格局出现了新的变化。在经济实力方面,由于美国实力衰落,美苏差距缩小。70年代中期,苏联的国民生产总值增至美国的67%,许多重要工业产品的产量超过了美国。在军事实力方面,苏联不仅在常规力量上获得了优势,在战略核军备上也达到了同美国不相上下的水平。在这种情况下,苏联的对外政策从"美苏合作,共同主宰世界"的缓和战略转向"与美争霸,积极进攻"的激进战略,力求通过全面战争以外的一切手段取得对美国的优势。苏联的综合实力以及对外战略对美国的世界地位和霸权梦想构成了实质性威胁,全面遏制苏联成为美国的对外战略核心。美国曾多次使用贸易制裁的手段对付苏联,企图在经济方面削弱苏联的实力,进一步在政治上扩大对苏联的战略优势。如1980—1982年,美国以"苏联入侵阿富汗"为由,对苏联实施小麦贸易禁运,导致国际市场上小麦价格上扬,苏联为此多付出 2.25 亿美元。从表面上看,美国对苏联的贸易制裁似乎颇有成效,但由于当时的苏联经济实力雄厚且盟友众多,结果是"两败俱伤"。据统计,此次对苏联的贸易制裁给美国造成的经济损失高达 23 亿美元。[①] 可以看出,美国只关心苏联的绝对损失给其带来的绝对获益,而不论自己损失了多少或相对苏联是否损失得更多。

　　冷战结束后,美国成为世界上唯一的超级大国,其全球战略也随之做了重大调整,即由"与苏争霸"转为"独霸世界"。为了维护"一超独霸"的国际地位,建立以美国为主导的"单极世界",美国对外贸易的国际政治功能显著增强。20 世纪 90 年代以来,西欧国家和日本经济的崛起严重威胁到美国的国际地位。于是,对其进行贸易制裁便成为美国遏制这些国家经济实力继续膨胀、维持美国世界头号强国地位的重要手段。由于西欧国家和日本经济实力较强且与美国经济联系紧密,对其实施直接贸易制裁会给美国自身带来较大的经济损失。因此,美国对西欧国家和日本一般使用间接贸易制裁或威胁性贸易制裁的手段。如美国 1992 年对利比亚、1995 年对伊朗实施的贸易制裁,从表面上看,似乎与西欧国家和日本无关,但由于西欧国家和日本与这两个国家的经济往来十分密切,对这两国的贸易制裁必然会使西欧国家和日本在经济上遭受巨大损失,这两次贸易制裁实质上是美国间接地对西欧国家和日本实施贸易制裁。又如 1996 年,美国政府出台的《赫尔姆斯—伯顿法》和《达马托法》,标志着美国对西欧国家和日本的贸易制裁在不断

---

　　① 　杨达洲:《经济制裁与美国政府的外交》,《和平与发展》1998 年第 1 期。

加强。

21世纪以来,美国的全球霸权受到前所未有的挑战。从国际战略格局看,美国总体实力相对下降,中国、印度、巴西等新兴力量崛起并积极合作,不断提升在国际事务中的话语权和影响力。从世界热点问题看,恐怖主义肆意蔓延、西亚和北非地区持续动荡、乌克兰问题升级发酵、伊斯兰国家异军突起,让美国捉襟见肘,处处受到牵制。虽然美国的全球号召力、影响力受到空前挑战,但美国依然固守其"世界领导者"的"信念"和"责任"。为了维护全球霸主地位,服务国家战略,美国贸易政治发挥得淋漓尽致。例如,2014年乌克兰危机后,美国对俄罗斯实施了严厉的经济制裁,其中贸易制裁和金融制裁是重点,俄罗斯经济也因此受到重大打击。

(二)维护国家安全,使美国不受他国威胁

美国国家安全虽然涉及的面很广,但领土安全和经济安全是其中最主要的。美国运用对外贸易手段自然也希望能达到维护国家领土安全和经济安全的目的。

1.国家领土安全

美国地理位置优越,历史上很少有国家可以直接对美国本土发动武装侵略。冷战期间,威胁美国领土安全的主要是苏联,那时美国对苏联实施贸易制裁的主要目的是遏制苏联经济实力和军事实力的增强,防止苏联对美国发动核攻击。冷战结束后,"核扩散"和"恐怖主义"成为威胁美国领土安全的两大主要因素,美国因"核扩散"和"恐怖主义"而多次对有关国家实施贸易制裁。1998年,印巴两国相继进行核试验,美国迅速对印巴两国实施了贸易制裁。虽然印巴两国最终仍然成为"有核国家",但贸易制裁加重了两国的经济负担。自 2006 年 1 月伊朗核问题升温以来,美国对伊朗实施了严厉的经济制裁,尤其是对其主要经济来源——石油出口进行了限制,严重削弱了伊朗发展核武器的经济实力。2001 年"9·11"事件后,美国把恐怖主义视为国家的头号威胁,打击恐怖主义成为美国重要的对外战略。古巴、伊朗、朝鲜、苏丹等国被美国列入"支持恐怖主义的国家"黑名单,美国以"打击支持恐怖主义的国家"为借口对这些国家实施多起贸易制裁。2002 年 1 月,美国总统布什在他的国情咨文中提出"邪恶轴心",意指"赞助恐怖主义的政权",并明确指出这类国家包括伊拉克、朝鲜和伊朗。值得一提的是,无论是防核扩散和打击恐怖主义,都包裹着美国的私心。美国在防核扩散问题上采取双重标准,对拥有核武器的盟国以色列从来都不加以干涉;而被美国列入"支持恐怖主义的国家"黑名单的,全都是美国的敌对国家,全然不顾这些国家是否有支持恐怖主义的行为。

2. 国家经济安全

冷战结束以来,随着经济全球化的发展和国际竞争中心向经济领域的转移,经济安全在国家安全中的地位日益提高,并成为国家安全体系不可分割的重要组成部分。将经济安全纳入国家安全体系是从美国克林顿政府开始的。1993 年 2 月,美国总统克林顿在美利坚大学演讲时明确提出:"把贸易作为美国安全的首要因素的时机已经到来。"同年 10 月,美国国务卿克里斯托弗在向参议院外交委员会作证时将"经济安全"放在克林顿政府对外战略的首位。1994 年 7 月,美国白宫发布的国家安全战略正式提出美国外交政策的三大支柱,即确保美国的经济安全,改编和更新武装力量以应付冷战后新的威胁,推行西方的民主、人权等价值观念,并把经济安全置于对外政策三大支柱的首位。虽然经济安全包括国内经济安全和国际经济安全两个方面,但对美国来说,由于经济实力雄厚,经济安全主要是国际经济安全方面的问题,即美国国内经济发展所依赖的国际市场份额、国外资源供给、国外投资利益是否因为他国政治原因而受到损害,进而影响到整个美国经济的发展。

美国为了维护自身经济安全经常对有关国家实施贸易制裁。例如,1959年古巴社会主义革命胜利后,卡斯特罗政府把美国在古巴的公司收归国有。美国开始对古巴实行全面贸易禁运,包括禁止从古巴或通过古巴进口产品,禁止美国产品出口古巴等。1961年,带有社会主义国家性质的斯里兰卡将属于美国公司的价值1200万美元的资产"国有化",为维护美国公司的海外经济利益,美国对斯里兰卡实施了严厉的贸易制裁。这次贸易制裁不仅迫使当时的斯里兰卡政府倒台,而且在压力下"国有化"问题也得到迅速解决。为了维护本国的经济安全,美国不仅对小国如此,对一些大国甚至盟国也经常毫不留情地运用贸易制裁手段。如1995年,美国与日本发生贸易摩擦,美国为了维护本国汽车行业的经济利益,不惜与盟友翻脸,向日本发出最严厉的贸易制裁威胁。

（三）干涉他国内政,强迫他国按美国要求行事

二战结束后,为实现称霸世界的目标,美国经常推行强权政治,粗暴干涉他国内政,以此迫使他国满足其利益要求。干涉他国内政与各国信奉的主

权独立原则相冲突,与国际关系和国际法的基本原则相违背。因此,美国的这种行为遭到许多国家的坚决反对和强烈抵制。为使本国的利益要求得到满足,强迫他国的内政外交按照美国的要求行事,美国便运用贸易制裁以代替军事打击来干涉他国内政。

2021 年 2 月,缅甸军方接管国家政权,美国政府随后决定暂停基于 2013 年签订的《贸易和投资框架协议》(Trade and Investment Framework Agreement, TIFA)的所有与缅甸的贸易往来,直到缅甸民主选举的政府回归为止,并呼吁跨国公司考虑与支持缅甸军政府的企业断绝往来。美国政府以贸易手段干涉缅甸内政的行为,其目的是强迫缅甸军政府按照美国的要求推行政治民主化改革,遵守美国在全世界推行的价值观。

(四)维持地区稳定,遏制地区性大国崛起

冷战期间,受美苏争霸的影响,全球各地区相对保持稳定,地区性大国难以形成,美国在世界许多地区未能建立起地区霸权。冷战结束后,一些地区宗教、民族、领土等矛盾不断加剧,一些地区性大国纷纷崛起,并谋求地区霸主地位。这不仅威胁着区域稳定,而且对由美国主导的国际政治经济新秩序形成了强大冲击。为实现独霸世界的目标,美国基于强大的国力向世界各个地区渗透,扮演着维持地区稳定的角色,遏止地区性大国崛起。在这种背景下,贸易就成为美国干预地区事务,建立地区霸权的重要手段之一。

中东地区拥有丰富的石油资源,战略位置极为重要。美国的中东战略是控制中东的石油,坚定支持盟友以色列,积极扶植亲美的伊斯兰国家,遏制伊拉克、伊朗等地区大国。美国需要一个稳定的、对美国友好的阿拉伯世界,因为美国的石油严重依赖进口,而政治冲突、地区战争和恐怖袭击都会冲击世界石油价格。2006年《美国国家安全战略报告》提出把"通过自由市场和自由贸易,开创一个全球经济增长的新时代"作为美国的战略目标。在此目标下,该报告指出,把美国与其他国家达成的自由贸易协定作为开放市场、支持经济改革、鼓励他国促进法律规则、反腐败、促进民主和给美国农民与工人创造机会的工具。可见,美国政府已把实施自由贸易协定视为美国的战略工具。对美国而言,自由贸易协定不仅仅是一个促进经济发展的工具,而且还是实现自身政治目标的工具。

（五）打压社会主义国家,维护资本主义统治地位

美国是一个典型的现代资本主义国家,不仅在国内实行资本主义制度,推崇资产阶级价值观,而且还极力向外输出资本主义的社会制度和意识形态,试图实现资本主义一统天下。因此,意识形态战略一直是影响美国对外政策的重要因素。美国的意识形态战略包括两个方面:一是使他国或地区的意识形态转变为与美国相同的意识形态;二是巩固现有国家或地区的资本主义意识形态,防止它们的意识形态发生根本性转变。美国对外贸易不单单是经济领域的问题,而且有着意识形态方面的更为深层次的考量。

二战期间,意识形态对立的美国和苏联为了对付共同的敌人——纳粹德国短暂地联合起来。二战结束后不久,美苏共同合作的基础开始消失,东西方矛盾日益加剧,美国调整对外战略,对苏联及其他社会主义国家实行"遏制"的外交战略,之后这个战略一直是40多年来美国外交政策的基础。冷战时期,"共产主义"和"资本主义"两种社会制度和意识形态进行了激烈

的斗争,双方利用各种手段打压对方,贸易就是美国打压社会主义阵营的重要工具之一。

巴黎统筹委员会(简称巴统),又称控制东西方贸易统筹委员会,是西方国家针对社会主义国家实行战略物资禁运的、不公开对外的、没有条约的非正式国际组织。美国是巴黎统筹委员会的策划国。1950年1月1日,巴统正式成立,成员国有15个,即北大西洋公约组织中的美国、英国、法国、联邦德国、意大利、加拿大、荷兰、比利时、卢森堡、丹麦、挪威、葡萄牙、希腊、土耳其以及日本。第二次世界大战结束后,美国在推行杜鲁门主义的过程中,认为有必要对西方国家向社会主义国家的出口实行管制,以防止战略物资流入社会主义国家,这是创设巴统的初衷。对共产党执政的国家实行"禁运"管制,是巴统国家武器输出的基本方针。美国为了取得控制巴统的法律根据,于1951年通过了《巴特尔法案》(次年1月24日生效),即《1952年防御援助管制法》,又称《禁运法案》,规定巴统成员国凡是向"共产主义国家"出口战略物资者,均应当被剥夺美国给予军事、经济和财政援助的权利。美国援外事务管理署负责监督《巴特尔法案》的执行。巴统的主要任务是制定禁运货单,货单由成员国一致通过的原则确定。一经通过,均以"劝告"形式送交各成员国,只允许各成员国扩大禁运货单,而不允许缩小货单。按照1958年的修订版货单,禁运的货物按三种标准分类:第一类为制造武器的设备;第二类为尖端技术产品,包括一切高精尖技术产品;第三类为稀有物资,即社会主义国家短缺的、能增强其军事实力和潜力的货物。冷战时期,巴统在美国推行其意识形态战略过程中起到了重要作用,尽管其内部存在深刻矛盾,其成员国仍表示愿意维护它的存在,借以维护自身的政治和军事利益。此外,美国正是出于遏制共产主义在全球扩张的目的,才向反共产主义国家或所谓"中间地带"国家输出战略物资,以增强这些国家抵抗共产主义国家"入侵"能力的。美国的这些对外贸易行为,既巩固了资本主义意识形态在全球的主导地位,又成功地遏制了共产主义意识形态的发展。

20世纪80年代末和90年代初,东欧和苏联先后发生政治剧变,世界社会主义运动遭到重大挫折,社会主义国家的力量大大减弱。为了建立"美国民主治下的世界霸权",冷战后的美国历届政府都非常重视把意识形态外交作为实现国家战略的重要手段,希望用美国精神、美国价值观来改造世界。1990年9月11日,老布什总统正式提出构建"世界新秩序"的美国全球战略构想,强调要在世界范围内推行美国的价值观和思想体系,以期最终建立"一个政治和经济自由、人权与民主制度盛行"的国际体系,突出了"民主"和"人权"在全球战略构想中的地位。

总之,冷战已结束多年,但美国仍然保持着冷战思维,意识形态作用在美国对外关系中一再凸显,从反共反社会主义和推广"美式"民主出发,运用贸易手段继续对社会主义国家进行打击和压制。美国对其"后院国家"——古巴的经济制裁就是其保持冷战思维的最明显事例。美国对古巴的经济制裁从1961年开始一直持续至今,是历史上持续时间最长的经济制裁。根据时任美国国务卿纳斯克的看法,对古巴的经济制裁要达到的目的是"减少卡斯特罗向其他美洲国家输出颠覆和暴力的意愿和能力;向古巴人民表明卡斯特罗政权不可能服务于他们的利益;向美洲各国人民表明共产主义在西半球是没有前途的"①。这一目的表明美国对古巴实施经济制裁的实质是通过经济制裁打压社会主义在美洲的力量,防止"后院起火"。从制裁的实际效果看,美国也为此付出了巨大代价,但经济制裁确实使古巴的经济力量受到极大的削弱,古巴已经没有能力对美国构成实质性的威胁。

二、美国对外贸易的国内政治因素

美国对外贸易这种经济行为的政治目标并不限于国际政治方面,国内政治目标也经常是重要的考虑因素,这集中体现在美国的贸易政治上。所谓贸易政治,是指在贸易政策的整个制定过程中,涉及不同政策主体及角色在贸易政策制定中的较量、协调与妥协。②美国对外贸易政策的制定与实施取决于各主体之间的相互博弈与利益权衡。美国贸易政治过程以国内公众、利益集团、国会议员和以总统为代表的政府为参与主体,并伴有党派政治、游说捐资、舆论之争、府院之争等内容。具体而言,从国内政治视角分析,美国对外贸易拟达到如下目标。

（一）维持国内政治稳定,促进社会健康发展

政治稳定是社会发展的前提与基础。维持国内政治稳定,促进社会持续健康发展,对美国进一步增强国力,实现称霸世界的目标极其重要。然而,国际上发生的一系列与美国有关的事件导致美国国内政局不稳,社会良性发展受到很大影响。美国政府需要借助贸易这一手段,以实现稳定国内政局的

---

① 杨达洲:《经济制裁与美国政府的外交》,《和平与发展》1998 年第 1 期。

② 戴斯勒:《美国贸易政治》,王恩冕、于少蔚译,中国市场出版社 2006 年版,第 38 页。

目标。

例如,1995 年,日本资金大量进入美国,造成美国国内制造业、服务业以及金融业竞争加剧,失业率急剧攀升,国内民众反日情绪不断高涨,普遍要求采取强硬措施对付日本,国会中的贸易保护势力甚至就此提出了一系列旨在对日本进行贸易报复的法案。为了消除这一事件对政局稳定的不利影响,保持社会健康发展和正常运行,美国对日本发出了经济制裁威胁,对其输往美国的商品征收高额关税。日本在美国的经济制裁威胁下,在贸易方面做出了让步,与美国达成了一系列有利于美国的贸易协议。

（二）顺应主流民意要求,赢得政党选举胜利

经过近代以来几百年的发展,当前资本主义国家有多种类型的政党制度,比较典型的是多党制和两党制。美国是一个典型的两党制国家,共和党和民主党长期轮流执政。美国特有的政党政治,衍生出特有的选举政治。为了迎合选民,赢得选举的胜利,选举期间两党经常相互攻击。一党上台执政,另一党总是频频发难。尤其是每逢四年一次的总统大选和两年一次的国会中期选举,在野党与执政党的较量更趋白热化。美国是世界上民意调查最为频繁的国家,一些重大政策的提出以及能否实施,很多时候都取决于主流民意。美国各政党及其候选人之所以重视主流民意,与其说是一种“民主政治”的表现,还不如说是出于政治选举的考虑。民主党和共和党为赢得选举的胜利,必须提出或实施能够赢得选民的政策。美国对外贸易政策,深受这种政党制度和选举政治的影响,常常被卷入党派政治斗争之中,成为两党相互攻击的素材。美国的几次对外贸易制裁都是出于选举的考虑而实施的。例如,

克林顿为赢得 1996 年的总统大选,从 1995 年开始逐渐提高打击恐怖主义的声调,明确宣布"世界上最危险的恐怖主义国家是伊朗和利比亚"[①]。在 1995 年的世界犹太人大会上,克林顿宣布:"美国政府决定中断所有美国公司及其海外分公司与伊朗的一切贸易和投资往来,实施对伊朗的全面经济制裁。"[②] 这次对伊朗实施贸易制裁的国内政治目标主要有两个:一是平息美国选民对当时针对美国人的恐怖袭击事件日益高涨的不满情绪;二是赢得美国选民尤其是大部分犹太裔选民的选票。事实证明,对伊朗的贸易制裁颇有成效,它帮助克林顿赢得了许多犹太裔选民的选票,成功连任。

　　在 2016 年的美国总统选举中,中下层白人对自由贸易的反对呼声得到了两党候选人不同程度的重视。在反对自由贸易的民众中,中下层白人是不可忽视的力量。以 TPP 为例,美国内部反对 TPP 的声音由来已久,政治嗅觉敏锐的候选人们纷纷表态反对 TPP。曾强调 TPP 是贸易协议中的"黄金标准"的民主党总统候选人希拉里·克林顿因迫于竞选压力,顺应民意要求,将其对 TPP 的立场由赞成转为反对。尽管她策略性地改变了对 TPP 的立场,但她在中下层白人心目中始终是个贸易自由主义者。而共和党总统候选人特朗普对 TPP 协议的抵制态度非常明确。为了获取中下层选民的选票,特朗普除了抵制 TPP,还指责民主党政府纵容他国的"不公平贸易"行为从而损害了国家利益和工人利益。实践证明,特朗普的竞选策略是有效的。他提

[①]　安国章:《强权政治又一例证》,《人民日报》1996 年 8 月 9 日。

[②]　李伟健:《从美伊交恶看美对伊遏制政策面临的考验:写在克林顿政府决定制裁伊朗之后》,《国际展望》1995 年第 10 期。

出了不少具体的贸易保护措施,这让他赢得了中下层白人的大力支持。中下层白人虽然人数不是太多,但他们主要分布在摇摆州[①]。这一达到"临界数量"意义的选民支持,让特朗普不仅在关键摇摆州取得了胜利,而且在宾夕法尼亚、威斯康星和密歇根三个民主党票仓也赢得了支持,从而赢得了选举的胜利。

(三)缓解利益集团压力,满足特殊群体需求

利益集团指的是有着特定目的和相同利益诉求的人团结起来结成的政治组织,意图通过一系列行动影响政府的决策以获取利益。区别于一般的社团组织,利益集团与政治活动密不可分,他们积极参与政治活动,并刻意在某项政策上影响决策者的倾向。因此,利益集团因其自身明显的政治性,也被称为"压力集团"、倡议集团、游说集团或特殊利益集团。

美国是一个利益集团政治盛行的国家,拥有世界上数量最多、种类最复杂的利益集团,利益集团机制植根于美国三权分立的政治体制。[②]各个利益集团在其共同利益的驱使下,经常对国会或行政当局施加压力,使其按照自己的特殊利益诉求制定和实施某些政策。利益集团的政治影响渗透于美国政治、经济和社会的各个方面,从规模和影响范围看,它既能够决定性地影响国会贸易决策,也能够在保护就业机会、自然环境和社会公平等方面赢得民众的广泛支持。利益集团影响国内贸易政治的途径十分广泛,既有对一项

---

① 摇摆州指美国民主和共和两党候选人支持率差距不大的州。在历届大选中经常会倒向不同的政党,频频摇摆,如佛罗里达州、俄亥俄州等。

② 张丽娟:《美国贸易政策的政治经济学》,经济科学出版社 2017 年版,第 143 页。

具体决策的直接参与，也有对决策者选拔任命过程所包含选举政治的干预。前者的实现，得益于美国贸易决策自上而下的行政机制和立法程序；后者的实现，则是通过政治捐款直接支持那些"利己"的政治家，以此获取未来的政策回报。利益集团既是社会各界与国会、政府沟通的纽带，又是贸易政策制定的关键推动方，一般利用汇率、贸易失衡、贸易自由化、对外直接投资和知识产权保护等问题游说国会和政府，使其制定符合自身利益的贸易政策。需要指出的是，利益集团的动机并非是推动贸易自由和提升公共福利。事实上，许多利益集团支持贸易自由完全是出于自身狭隘且自私的议程。他们在满足自身利益时，有时甚至以牺牲大众利益为代价，由此产生显著负面效应，甚至引发贸易政策的倒退。

在美国贸易决策形成过程中，利益集团自始至终发挥着重要影响。在经济全球化背景下，产业界利益集团已经实实在在地成为美国贸易政治的重要角色。其中，既有企业实体和行业协会等寻求直接商务利益的利益集团，也不乏劳工组织和环保组织等非政府机构。工商利益集团、农业利益集团、劳工组织和环境保护组织对美国的贸易政策决策有较大影响。美国主要利益集团在贸易政策问题上呈现出阵营分化的现象。例如，保守利益集团代表——美国劳工联合会—产业工会联合会（American Federation of Labor and Congress of Industrial Organizations， AFL–CIO，简称劳联 – 产联组织）主要维护蓝领工人的利益，反对经济全球化，支持重振美国制造业。受益于经济全球化的利益集团——美国商会（American Chamber of Commerce，ACC）、商业圆桌会议（Business Roundtable）和美国农业社联合会（American

Farm Bureau Federation， AFBF）等则倾向于支持自由贸易。在中美贸易战中，对华加征关税初期，美国劳工联合会—产业工会联合会表示支持特朗普政府的做法，并支持国会制定有利于美国工人的贸易规则。相反，美国商会和农业利益集团则坚决反对对华加征关税。美国商会认为任意加征关税将加剧美国经济风险和失业率，无助于维护美国的全球领导地位。美国商业圆桌会议和全国制造商协会同样认为对华加征关税，增加了美国企业的风险，损害了消费者权益，不可作为长久之计。全国制造商协会主张中美应进行经贸磋商，并签订双边贸易协定。

第四章

以美国对华贸易为例的实证分析

二战后,在美国对外贸易的诸多对象中,中国始终处于重要位置。在中美两国政府的大力推动下,在生产力不断发展的无形驱使下,两国经贸关系越来越紧密,目前中国已发展成为美国第三大出口国和第一大进口国。本章以二战后美国对外贸易为大背景,按时间顺序分阶段简要梳理新中国成立以来美国的对华贸易行为,并采用国际政治经济学现实主义流派的理论分析框架,实例分析美国这些对外经济行为背后所蕴含的政治与战略因素。

第一节　从全面禁运到逐步解禁（1949—1979 年）

美国与中国的贸易关系可以说是源远流长，早在美国建国（1776 年）之前，中国就与英国的美洲殖民地发生过贸易上的往来。200 多年来，美国对华贸易政策随着美国经济实力的变化不断做出调整，中美贸易关系随着美国在国际政治经济体系中的地位变化而不断发生变化。1949 年新中国成立之前，中国对外贸易政策演变的历史可以归纳为"一个从比较自由的奢侈品贸易到近似禁止性的对外贸易，又从禁止性贸易到被迫实行门户开放的贸易政策的演变过程。"[①] 在这个演变过程中，美国扮演着非常重要的角色。随着新中国的成立，美国对华贸易政策也做出了重大调整。

一、美国对华贸易政策概述

1949—1979 年的 30 年间，美国对华贸易政策经历了从全面禁运到逐步解禁的调整过程，其中起关键作用的是美国对华出口管制政策。

---

① 佟家栋：《中国对外贸易导论》，首都经济贸易大学出版社 2006 年版，第 243 页。

（一）全面禁运的对华贸易政策

在 1949—1971 年的 20 多年间，由于美国对中国实行战略性的贸易封锁和禁运政策，中美之间的直接贸易完全中断，贸易额几乎为零。

随着 1949 年新中国的成立和 1950 年中国参加抗美援朝战争，美国商务部在 1950 年 12 月 2 日宣布对运往中国的一切货物实施许可证管制办法，正式决定对所有出口到中国的物资实行控制；12 月 16 日，美国国务院宣布冻结中国在美一切资产，禁止在美登记的船只驶往中国港口。1951 年 5 月，美国控制下的联合国大会通过了对中国实行禁运的提案。[①] 凭借 1951 年 10 月 26 日美国国会通过的《巴特尔法案》，美国迫使其他国家对中国实行禁运。"除了这些政治遏制之外，艾森豪威尔政府还采取战略性的贸易禁运措施，在经济上封锁中国。无论是美洲人、欧洲人，还是日本人，只要同美国做生意的，都不允许同中国进行商品和技术贸易。华盛顿希望，贸易封锁会削弱中国的经济结构和军事结构，促使这个共产党政权的瓦解。"[②] 美国对中国采取的这种战略性贸易禁运政策直到 1972 年美国总统尼克松访华之后才有所松动。

在这种美国对华贸易政策主导下，中美贸易急剧萎缩。根据美国商务部统计，1948 年美国对华出口为 2.734 亿美元，1949 年为 0.829 亿美元（美国从中国进口为 1.064 亿美元），1950 年为 1.43 亿美元，1951 年 1—8 月为

---

① 王和英等：《中华人民共和国对外经济贸易关系大事记（1949～1985）》，对外贸易教育出版社 1987 年版，第 441 页。

② 迈克尔·沙勒：《二十世纪的美国和中国》，光明日报出版社 1985 年版，第 150 页。

0.33 亿美元。受美国出口管制的战略物资的对华出口更是大幅度下降,如1949 年美国对中国的汽油出口比 1948 年下降了 94%,煤油减少了 99%,柴油、润滑油及其他燃料减少了 93%。[①] 按照《敌国贸易法》的规定,美国公司以及美国公司在海外的分支机构合资公司都不能与中国进行贸易。例如,当 1957 年福特汽车公司在加拿大的子公司准备向中国出口 1000 辆卡车时,美国财政部命令福特公司禁止其子公司向中国出口卡车。1965 年,美国的Fruehauf 公司在法国的控股子公司(2/3 股份)准备向中国出口价值 178 万法郎的 60 辆货车,美国财政部命令 Fruehauf 公司终止这项合作交易。

(二)逐步解禁的对华贸易政策

随着苏联在 20 世纪 60 年代末的全球扩张和中苏关系的恶化,中美战略态势发生了变化,美国开始调整实施了近 20 年的全面禁运的对华贸易政策。1969 年 7 月,美国宣布放宽对中美之间人员往来和贸易交流的限制,以便遏制苏联的扩张性战略。1969 年 12 月,美国允许美资公司的国外子公司向中国出售非战略物资并部分取消对中国的贸易禁运。在 1970 年 2 月 18 日的外交政策报告中,尼克松政府谈到中国"不应该继续孤立于国际社会之外",并在 3 月 15 日取消对持美国护照去中国旅行的一切限制。1970 年 4 月,美国商务部的出口管制公报根据国外资产管制条例,规定国外子公司和外国公司同中国的贸易中允许装有美国制造的非战略物资的部件输往中国;同年 8 月,美国解除在国外的美国石油公司给装载非战略物资运往或者运出

---

① 　资中筠:《美国对华政策的缘起和发展(1945 ～ 1950)》,重庆出版社 1987 年版,第271-277 页。

中国的船只加油的禁令。1971 年 4 月 14 日,中国邀请美国乒乓球队访问中国,美国政府随后采取了对华政策的新措施:准备迅速发给中国人访问美国的个人或者团体签证,允许中国使用美元,取消对供应前往中国或来自中国的船只与飞机燃料的美国石油公司的控制,列出一个按照一般许可证向中国出口的非战略性项目的清单和从中国直接进口指定的项目,从而取消了美国政府长达 20 多年的对华贸易禁运。随后,美国商务部批准了向中国出口 228 万美元的卫星地面站设备,包括波音公司在内的 12 家公司被中国邀请参加 1972 年春季的广州出口商品交易会,签订了价值数十万美元的合同。1972 年 2 月 21 日尼克松访华后,中美签订的《中华人民共和国美利坚合众国联合公报》(《上海公报》)标志着两国关系开始正常化,中美贸易也从此展开。美国政府在 1972 年 11 月 22 日取消了美国船只和飞机前往中国大陆的禁令。1973 年 5 月 1 日,中美双方在对方首都互设了联络处。

尼克松访华后,中美贸易获得了较快发展。中美之间的贸易总额从 1971 年的 500 万美元增加到 1972 年的 1 亿美元和 1974 年的 9.788 亿美元,1975 年为 4.619 亿美元,1976 年为 3.36 亿美元,1978 年为 11 亿美元(其中美国对华出口 8 亿美元,进口 3 亿美元)。

(三)对华出口管制政策

作为超级大国,美国是国际出口管制的领导者和主要实施者。1949 年,为服务于国家的总体对外战略,美国国会制定了第一部正式的《出口管制法》,授权总统为了美国的对外政策、国家安全、有助于国内短缺物资供应及抑制通货膨胀而进行禁运或限制出口,明确指出防止西方对共产党国家出口能用于军事的产品与技术,并根据不同国家与美国的关系和实力等因素,按管制程度将世界上的国家分为从严到宽的 Z、S、Y、W、Q、T 和 V 等七组[1],中国一开始被列入 Y 组。朝鲜战争爆发后,1950 年 7 月 17 日,美国政府正式宣布巴统的贸易管制范围扩大到中国,美国商务部将中国列入限制等级最高的 Z 组。尽管美国在 1957 年取消了巴统中的中国小组,但美国对中国的出口禁运政策一直维持到 20 世纪 60 年代末。1969 年的珍宝岛战役和中苏关系的公开破裂,美国开始改变对华的出口管制政策。1972 年 2 月,中国从被管制的 Z 组国家降到被管制的 Y 组国家,与苏联等同。1950—1970 年,美国对华出口管制主要有两大特点:一是限制的产品范围较大,限制的程序过严;二是许可证签发的手续烦琐,时间长。

二、政治与战略因素分析

国家战略是指大国调动和运用政治、经济、军事、外交等多种手段,参与国际斗争,维护和增强本国利益,实现国家根本目标的方略。[2] 在美国的对外贸易政策制定实施过程中,政治与战略因素占据着重要地位。不同历史

---

① Z 组,出于外交政策、国家战略等原因全面禁运的国家;S 组,出于国际安全、反恐、核不扩散和地区安全、稳定的需要,除药品、医疗用品、食品和农产品外全面管制的国家;Y 组,允许非战略物资出口,但出于国际安全需要,禁止任何涉及军事用途、有助于提高军事能力、有损于美国安全的商品和技术出口;W 组,基本原则同 Y 组,但管制更宽松;Q 组,基本原则同上,但限制更少;T 组,总原则和政策同下述的 V 组,但对刑侦、军用设备实施限制;V 组,基本上不存在管制,但组内各国仍有待遇上的不同。

② 张林宏:《美国全球战略的缘起和流变》,《学海》2002 年第 5 期。

时期美国的国家战略有着不同的侧重点,但二战之后,美国国家战略的基本目标是一致的,即维护美国在全球的领导地位。具体而言,二战后美国国家战略的基本定位是,以意识形态的异同为重要标准判断敌友,将苏联等东欧社会主义国家视为对立一方;对苏联等东欧社会主义国家实施经济制裁和贸易封锁;在全世界推行美国的意识形态。从新中国成立到中美建交前的20多年里,美国都是基于这样的政治与战略因素来制定并推行对华贸易政策的。

(一)防止中国倒向苏联

在1946—1949年中国共产党领导的中国人民解放战争中,美国政府全力支持蒋介石的反动政权。由于国民党政府的腐败以及中国共产党的民心所向,美国的支持没能阻挡国民党政府在中国大陆的全面溃败。在战后美苏冷战持续升温的背景下,美国的全球战略是尽可能地防止苏联势力进一步扩张。尽管新中国在1949年10月1日宣布成立,但是美国真正从中国完全撤离是在1949年12月以后。[①]在1950年6月朝鲜战争爆发前,美国对华采取的是"等待尘埃落定"的外交政策,中美贸易继续正常进行。"美国从20世纪50年代初到朝鲜战争爆发这一段时期曾经对中国抱有一些战略思考,希望在不激怒中国的情况下,期待中苏间的分裂。"[②]为了防止新中国向苏联"一边倒",美国对蒋介石的态度发生了根本变化,由原来的"全力支持"

---

① 资中筠:《美国对华政策的缘起和发展(1945～1950)》,重庆出版社1987年版,第207页。

② 汪小平:《美国对台政策的起源与演变(1941～1960)》,社会科学文献出版社2014年版,第129页。

调整为"袖手旁观"。在美国政府内部,以国务卿艾奇逊为代表的"和解派"希望与新中国建立正常关系,美国的对华政策是防止再次陷入中国内战。

（二）遏制共产主义扩张

国际形势的变化促使美国政府改变了观望的对华态度。1950 年 2 月 4 日,《中苏友好互助同盟条约》的签订,明确宣布新中国站在社会主义和世界和平民主阵营一边,美国国内反华势力迅速抬头,美国对华政策开始收紧。1950 年 6 月 25 日,朝鲜战争爆发,杜鲁门政府认为,这是共产主义在全球扩张的开始,美国的任何退却都将产生毁灭性后果,美国必须在东亚划出一条明确的遏制共产主义的战略界线。两天后,1950 年 6 月 27 日,美国总统杜鲁门命令第七舰队进入台湾海峡。至此,美国政府对华政策发生了根本性转变,中国在美国全球战略中的地位大增,成为美国遏制共产主义在全球扩张的重点。因此,这段时期美国政府对新中国采取的是战略性的贸易封锁和禁运政策。

（三）联合中国制衡苏联

20 世纪 60 年代中后期至 70 年代,在美苏争霸的世界政治格局中,总体上美国处于守势,苏联处于攻势,局势对美国不利。与此同时,中苏关系恶化,两国爆发数次边境冲突,苏联在中苏边境部署百万兵力,对中国安全构成严重威胁。出于政治与战略需要,美国调整了对华外交关系,由全面遏制中国转为联合中国。在中美苏大三角格局中,美国希望把中国作为一张王牌来制衡苏联,中国则希望改善与美国的关系以缓解苏联的威胁。中美关系在这段时期有所好转。美国政府单方面采取了一系列促进两国关系正常化的措施,例如,宣布放宽其公民到中国旅行和购买中国货物的限制,用"北京"而不再用"北平"。[①]1972 年尼克松访华期间,中美两国发表《联合公报》,由此,美国停止了从新中国成立之后一直对华实行的贸易封锁和禁运政策,标志着中美贸易关系的重新启动。

但是,美国对华战略是从属于美苏总体战略和东西方政治格局的。一方面,"尼克松改善美中关系的主要着眼点还是苏联。从这个意义上说,美国的对华政策,实际上是从属于对苏政策的,而美苏关系的改善与美国要求推进中美关系发展的紧迫性是成反比的。"[②]另一方面,勃兰特于 1969 年出任联邦德国总理,实行"新东方政策",积极改善同苏联的关系,西欧在美苏两个超级大国之间采取的战略均势政策,使东西方的紧张局势得到了一定程度的缓和。美苏关系和东西方关系的缓和对中美关系的影响是,1973—1976 年,中美关系没有取得实质性进展,并趋于冷淡。但从 20 世纪 70 年代中期开始,世界局势发生了新的变化。苏联利用缓和的机会加强了军事实力,并开始推行进攻性的全球战略。对此,美国重新评价了美中关系正常化的战略意义,于 1978 年 12 月 16 日签署了《中美建交联合公报》。中美两国自 1979 年 1 月 1 日起互相承认并建立外交关系,从而结束了中美两国近 30 年的不正常状态,为美国调整对华贸易政策铺平了道路。

---

① 费正清:《美国与中国》,张理京译,世界知识出版社 1999 年版,第 440-441 页。

② 胡礼忠、金光耀、顾关林:《从望厦条约到克林顿访华——中美关系 1844 ~ 1996》,福建人民出版社 1996 年版,第 378 页。

第二节 从极为友好到实施制裁（1979—1991 年）

1979 年中美正式建交后，中美经贸关系实现了真正意义上的正常化，双边贸易迅猛发展，创造了世界贸易史上的奇迹。1979—1991 年，中美两国经贸关系在双边关系中的重要性显著加强，虽然美国对华贸易政策中经济因素的重要性有所增加，但总体上还是服从于政治与战略利益的。

一、美国对华贸易概况

随着 1979 年中美建交和中国改革开放政策的实施，中美贸易获得了飞速发展。从 1979 年中美建交到 1991 年冷战结束前，以 1989 年为时间节点，美国对华贸易政策大致可分为极为友好和实施制裁两个历史时期。

（一）极为友好的对华贸易政策

1979 年，中美双边贸易额为 24.52 亿美元，1980 年增至 48 亿美元（其中美国对华出口为 37 亿美元），1989 年则升至 122.73 亿美元，美国成为中国的第三大贸易伙伴，中国则成为美国的第六大贸易伙伴。[①] 这样迅猛的发展速度，很大程度上归因于美国在此期间主动地实施了极为友好的对华贸易政策。

1. 与中国政府签订了一系列贸易协定

在 1979 年中美建交后的半年时间内，中美两国签署了包括贸易协定在

---

① 陶文钊：《中美关系史》（下卷），上海人民出版社 2004 年版，第 128 页。

内的 13 个协定、协议和议定书,推动了两国在贸易、文化和科技领域的合作。1979—2006 年,中美两国签订了 85 个协定,与经济有关的协定有 54 个,涉及交通运输、经济技术、科学技术和贸易等领域,其中 1979—1981 年就签订了 35 个条约和协定。与贸易问题有关的协定包括:1979 年的中美贸易关系协定,1980 年的纺织品和粮食贸易协定,1983 年的中美纺织品协议,1987 年的钢材和一般贸易协定,1988 年的纺织品贸易协定,1996 年的知识产权协定。实际上,这些协定就是美国政府实行的一系列支持本国企业对华贸易和投资的政策。一方面,为从中国进口商品的企业提供信息帮助,放松了对从中国进口商品的种种严格限制;另一方面,为美国企业在冶金、电信、电子工业、海岸外渔业、机械工业等领域的对华投资提供了很大的便利。

表 4-1　1979—2006 年中美两国签订的协定 [①]

协定类型	数量 / 个	协定类型	数量 / 个	协定类型	数量 / 个
法律	4	科学技术	33	领事	9
交通运输	8	贸易	6	政治	10
经济技术	7	文化卫生	8	总计	85

2. 授予中国最惠国待遇

最惠国待遇(most favoured nation treatment, MFN)是国际贸易中各

① 资料来源:根据中华人民共和国外交部《中华人民共和国条约集》1979—2006 年各期统计整理所得。

国之间相互给予的正常待遇。[①]然而,20世纪70年代以来,美国国会开始年度审议最惠国待遇问题。这种做法源自美国国会针对《1974年贸易改革法》的《杰克逊—瓦尼克修正案》,该修正案否决了总统授予中央计划经济国家或者阻碍自由移民的非市场经济国家最惠国待遇的一揽子权力,其针对的是当时苏联的移民政策。总统若想给予中国最惠国待遇,就要确认中国完全符合《杰克逊—瓦尼克修正案》的条件,或者放弃对中国具有完全一致性的要求,即行使放弃权。1979年7月7日中美两国签订的《中美贸易关系协定》规定,缔约双方相互给予最惠国待遇,以便使两国贸易关系建立在非歧视的基础上。从1980年到1989年,美国总统一直对中国行使放弃权,要求给予中国最惠国待遇地位,而国会也一直没有反对,所以这10年间,对华给予最惠国待遇的年度审议每年都顺利通过,总统行使的放弃权在其中发挥了重要作用。

3. 放宽对华出口贸易管制

1979年8月,美国副总统蒙代尔访华,宣布在出口管制、获得进出口银行贷款的资格和最惠国待遇等双边问题上,美国将把中国与苏联区分开来。从1979年中美建交后,美国逐步放松了对华出口贸易管制,继1972年美国将中国从被管制的Z组国家降至Y组国家之后,1981年又将中国从Y组国家降至更低级别的Q组国家,1983年又降至最低级别的V组国家,即名义上中国可以享受北约成员国的待遇但个案出口审批严格控制。1980年1月

---

① 1998年7月,克林顿总统签署了一项税收改革法案,将"最惠国待遇"(MFN)的提法改为"正常贸易关系"(NTR)。

24 日,美国国防部部长布朗在访问中国期间表示:"美国准备在逐项处理的基础上考虑(向中国)出售某些经过慎重选择的辅助性装备,如卡车、通信设备以及某种型号的预警雷达等,这些项目也适合于军用。"[①]1983 年 11 月,美国公布了新的《对华出口指导原则》和七类电子产品对华出口的技术界限,允许美国对中国出口的产品和技术水平是对苏联出口的两倍,并进一步规定了所有无须巴统审查的出口将由美国商务部审批而不用跨部门审查。1983 年以后,巴统开始考虑放宽对中国的出口管制,并于 1985 年 9 月形成了简化对中国出口审批程序的决议,以减少美国公司在向中国出口中审批期过长带来的不利影响。在 20 世纪 80 年代前期,美国对华出口申请的审批时间为 50 ~ 100 天,对华技术出口申请的审批时间则为 150 ~ 200 天。由于简化了审批程序,1985 年后美国对华技术转让合同大量增加(见表 4-2)。

表 4-2　1979—1998 年美国对华技术转让合同情况 [②]

	1979年	1985年	1987年	1990年	1991—1995年	1996年	1997年	1998年
合同 / 个数	5	157	119	34	1116	1744	1342	1094
金额 / 亿美元	0.18	7.1	6.73	3.22	49.3	21.3	18.1	30

总之,从中美建交到 1989 年 6 月的 10 余年间,美国逐步放宽了对华贸易管制,在相当程度上促进了中美双边贸易关系的发展。此外,中美两国于 1979

---

① 王和英等:《中华人民共和国对外经济贸易关系大事记(1949 ~ 1985)》,对外贸易教育出版社 1987 年版,第 450 页。

② 李志军:《美国对华出口管制与中美贸易逆差:实质与对策》,《世界科技研究与发展》1999 年第 4 期。

年 5 月 11 日签订的《关于解决资产要求的协议》规定,中国被美国政府冻结的资产,将于 1979 年 10 月 1 日全部解冻,由中国银行负责一切被美国政府冻结资产的回收和提取等事宜。不过,在这一期间两国贸易也出现过争端。例如,1982—1983 年,中国农业大丰收,对进口农产品需求大幅度下降,导致美国出口到中国的农产品大量减少。作为报复,美国 1983 年 1 月开始单方面决定限制中国纺织品进口。随后中美联合经济委员会成立了中美联合商务贸易委员会,通过正式联系沟通渠道协商解决了贸易争端。

（二）对华实施贸易制裁

1989—1991 年,世界政治局势的变化及两国政治因素给中美贸易关系造成了一定的负面影响,中美贸易额增长不多。1989 年 6 月 6 日,美国参议院一致通过一项要求总统对中国政府实行国际制裁的决议,强烈要求美国负责放宽办理向中国销售的出口许可证手续的机构在做决定时"考虑中国目前的局势",要求西方七国首脑会议讨论和研究如何谴责和制裁中国的问题。1989 年 7 月,美国参众两院通过一系列提案敦促老布什政府对华采取更严厉的措施,重新研究对华高技术输出及产品出口,冻结实施对华技术出口已给予的优惠待遇。同年 11 月,美国参众两院通过了议案,决定对中国采取进一步制裁措施,重新考虑是否给予中国最惠国待遇,所有中美之间的双边贸易协定也被重新审查,美国还协同巴统重新制定对华高新技术出口限制措施。1990 年,美国国会在《对外关系授权法》中增加了一些专门针对中国的条款,以此作为依据全面制裁中国。如禁止用中国火箭发射美国制造的商用卫星,但是用中国火箭发射美国商用卫星需要总统豁免的除外。这样,中国原拟进口的军民两用技术以及真正用于民用的技术受阻。受影响最为严重的是中美在卫星发射领域的合作,仅航空航天领域就有 10 个合同被终止,另有 10 个合同被推迟。[①]1991 年 4 月,美国政府首次把中国列入特别301 条款重点调查国家名单。同年 7 月,美国参议院通过议案,决定给予中国最惠国待遇必须要有附件条件。而在此期间,美国总统老布什出于美国长远利益考虑,表示了与中国进行接触的意愿。[②]1991 年,海湾危机的发生为中美经贸关系的改善提供了契机。为了维护石油利益,美国需要联合国的授权向中东地区派兵,而中国是联合国安理会常任理事国,具有一票否决权。为了不使中国行使一票否决权,美国倡议西方国家取消了对中国的经济贸易制裁。

二、政治与战略因素分析

在这一历史阶段,无论是前期美国主动采取极为友好的对华贸易政策,还是后期采取经济制裁措施,都贯穿着美国的政治与战略因素。

(一)对外战略的需要

在中美建交之后至冷战结束之前的大部分时间里,美国对华战略的基本思路是维持美苏中三角平衡,即通过增强中国相对于苏联的实力,维护美苏战略平衡。美国之所以主动采取友好的对华贸易政策,主要基于以下三方面考虑。

---

① 王勇:《中美经贸关系》,中国市场出版社 2007 年版,第 235 页。

② 1989 年 12 月,老布什批准了向中国出口卫星,取消了禁止对华提供资金的禁令。

第一，当时正值冷战时期，美苏争霸还在激烈进行中。1981 年里根当选美国总统后，推行"以实力求和平"政策，对苏联立场强硬。美国为了最大限度地遏制苏联，需要积极同中国建立全面友好关系，而良好的经贸关系是全面友好关系的重要基础。此外，中美建交之际正值中国实行改革开放的重要时机。美国政府意识到，与中国发展贸易既是必要的，又是可行的，大力发展双边贸易关系的时机来临了。因此，以中美建交和中国实行改革开放政策为历史契机，美国实行了一系列有利于发展双边贸易关系的政策。

第二，美国政府认为，虽然中国也是社会主义国家，但和苏联不同，中国坚持不干涉别国内政的原则，不会搞对外侵略扩张，不会对外输出社会制度和意识形态，因此与美国没有根本利益冲突。而且中国和苏联之间也存在严重的分歧和矛盾，如果同中国改善关系，并巧妙地利用中苏之间的矛盾，就可以把中国变成一股牵制苏联的重要力量。因此，尽管 1989 年后美国对中国实施了经济制裁，但出于美国的全球战略利益需要，两国的贸易关系逐渐得以恢复。

第三，在这一历史阶段，美国对华贸易政策还有妄图改造并控制中国的对外战略目标，即希望中国的改革开放能够让中国向资本主义世界靠拢。为此，美国政府在对华贸易问题上频繁抛出"胡萝卜"，希望以此把中国带上其所预期的发展轨道。

（二）利益集团的游说

20 世纪 80 年代以来，美国国内利益集团参与对外政策决策的途径越来越多，他们充分利用美国多元化的政治体系和三权分立的政治体制，不断探寻参与对外政策制定的策略与路径。尽管不同利益集团在对华贸易问题上有不同的原则和立场,但他们都会采取一定的游说活动,使政府制定出符合自身利益的贸易政策。工商业利益集团希望同中国自由地开展贸易活动,以此来获取中国廉价的原材料和劳动力,以及向中国出口自己的产品;而一些非经济利益集团,如环保组织、宗教组织和人权组织,则反对同中国开展贸易活动。这两方面的力量都对美国政府对华贸易政策决策产生了一定程度的影响。从实际情况看,这段时期美国工商业利益集团的游说活动更为成功。尽管当时中美正常贸易关系刚刚起步,且美国大型企业对华投资数额也很小,但工商业利益集团已经看到了中国这一潜在的巨大市场的重要性。因此,他们在影响美国政府对华贸易政策方面表现得十分积极主动,并在斗争中占据了上风,有效地说服了美国政府制定出有利于同中国进行贸易以及向中国投资的对外政策。

（三）政党政治的影响

美国是一个三权分立的权力相互制衡的资本主义国家,国会和总统是相互制衡的最主要的一对关系。国会在国家内政外交上具有相当大的权力,政府的政策一般要通过国会才能发挥作用。一般情况下,国会由在野党掌控,即与总统所在政党不同,因此不可避免地存在矛盾;即使国会由执政党掌控,即与总统所在政党相同,二者仍会存在不少矛盾与分歧。美国宪法明确规定国会在对外政策制定上享有外交立法权、预算审核权、外交机构和人员任免批准权、外贸管制权、监督权、对外宣战权等权力。除了这些,美国国会还可以利用其在国内的巨大影响力来左右执政当局的外交政策。实践也证明，美国国会在外交事务方面积极而主动的行为对美国政府的外交政策产生了深刻影响。以对华贸易为例，总统代表的是国家的整体利益，而议员代表的是所在州或所在选区的利益。美国参众两院更加强调自己的声音，一些议员出于私利支持或者反对有利于美国对华贸易政策制定的议案。议员往往同工商企业有着密切的联系，工商企业可以通过议员的权力获取更多的外贸订单，而议员可以获取工商企业的财力支持。议员的最终目标在于争取选民，实现连任，为此他们必须为自己的选区谋求经济利益。推动对外出售本选区生产的产品，为本选区争取贸易合同，竭力为选民提供更多的就业机会，这是议员争取人心、获得连任的最直接和最有效的手段。议员受工商企业的游说选择支持对华贸易政策，并充当说客游说总统和行政部门。同时，各议员之间为了各自利益，往往达成默契，相互支持对方所在州或所在选区的对华贸易项目。

此外，美国对华贸易政策还深受美国官僚政治的影响。美国对外政策的决策过程是一个官僚政治斗争的过程，对外贸易政策同样如此。在美国，官僚政治始终存在，只是在不同政府时期表现方式不同而已。美国宪法规定，总统负责全面的外交政策，有权选择喜欢的外交班子和决策模式，从而制定符合自己政治主张的政策。例如，卡特执政时期，卡特的高级外交顾问是国务卿万斯和国家安全事务助理布热津斯基。但两人的外交政策存在分歧和矛盾，卡特不得不从中选择其一。起初，卡特支持万斯的主张，在中国和苏联之间奉行一种平衡政策。但随着苏联威胁的进一步增强，卡特转而支持布热津斯基的主张，寻求与中国建立战略合作关系。商务部主张发展对华贸易，这符合美国联合中国对抗苏联的对外战略,因此得到了卡特的支持。里根执政时期,官僚政治斗争主要发生在意识形态浓厚的白宫与注重务实外交的国务院之间。在具体对华贸易政策决策过程中,国务卿黑格不希望白宫插手,认为这是国务院的特权和职责。这种决策模式称为官僚政治模式,即对外决策是有着不同主张的部门之间讨价还价、互相斗争的结果。总体而言,不管美国官僚政治斗争形式如何、程度如何,总统个人的价值观和政治偏好在美国对华贸易政策的决策中始终起着决定性作用。

第三节　从总体友好到趋向复杂（1991—2000 年）

1991 年冷战结束后,随着国际政治格局的根本改变,经济、政治和军事等要素在一国综合国力中的比重也发生了重大变化,各国把经济发展摆在突出位置。1991—2000 年,美国政府对华实行全面接触的总体战略,对华贸易发展十分迅速,两国贸易关系在一些重大问题上取得历史性突破。十年间,美国新的全球战略、国内的利益集团以及两党的政治斗争都是影响美国对华贸易政策的重要政治与战略因素。

一、美国对华贸易概况

总体而言,冷战结束后的十年间,美国政府推行的是自由主义贸易政策,主要是由于信息技术革命引发了网络经济及生产力的大幅度跃升,低失业率与低通货膨胀率并存,以及相对理性务实的政府执政风格。经济的基本面向好,经济实力的上升带来了美国民众普遍的乐观主义情绪及强烈的自由主义贸易情绪。就对华贸易而言,随着冷战的结束,老布什出于长远战略利益的考虑,试图同中国进行"建设性接触",开始放松对中国的经济制裁。1992年邓小平南方谈话后,中国正式确立了建立社会主义市场经济体制的改革目标,改革开放的力度进一步加大、步伐进一步加快。其间,中美经贸关系得到了缓和,在动荡波折中得到了迅速恢复和发展。1992年,美国自华进口第一次超过了200亿美元,1993年,美国对华总体贸易额出现逆差。1993年,民主党人克林顿上台执政,他将经济安全列为美国政府三大对外政策之首,把对外贸易视为决定美国经济安全的首要因素,主张政府积极介入对外贸易的干涉与管理。美国政府倡导推行实用主义的"公平贸易"政策,对华贸易政策总体上仍然呈现出友好性,但趋向复杂。

（一）友好的对华贸易政策

竞选总统期间,克林顿在对待中国政策问题上态度很强硬。克林顿执政初期,美国政府的对华政策也确实表现出强硬的姿态。但随着世界和美国国内经济政治形势的变化,克林顿政府逐渐意识到将中国孤立于全球经济体系之外不符合美国的根本利益,中美关系的健康发展对中美两国同等重要,相对于全面对抗政策,全面接触政策更为可行也更为有利。于是,美国逐渐调整了对华贸易政策立场。从1993年至1997年,中美双方高层官员频繁互访,并签署了大量贸易和投资方面的合作协议,进一步促进了双方在相关领域的合作。1998年克林顿访华期间,两国确定发展建设性战略伙伴关系,合作与共赢成为美国对华贸易政策的主题,两国经贸关系迅速升温。双方签订了《中美农业合作协议》《第五个双边纺织品协议》《中美民航运输协定》,这些协议为两国在相关领域的进一步合作奠定了基础。也是在这一阶段,中国获得美国支持,加入了世界贸易组织。美国是中国加入世界贸易组织最重要的谈判对手,双方就中国复关及入世的谈判历时多年,主要原因是美国的"要价"和中国的"出价"之间相差甚远。在"全面接触"战略的指导下,经过十分艰苦的谈判,中美双方代表团终于就中国加入世界贸易组织问题达成协议,两国于 1999 年 11 月 15 日在北京正式签署了关于中国加入世界贸易组织的双边协议书。至此,中国完成了加入世界贸易组织最为关键的一步。2001 年 12 月 11 日,中国成功加入世界贸易组织。

(二)最惠国待遇之争

1989 年之后,美国很多国会议员要求根据《杰克逊—瓦尼克修正案》,撤销中国的最惠国待遇。老布什友好的对华态度时常受到国会议员的抨击,克林顿在竞选演说中也宣称要通过最惠国待遇问题来制裁中国。1993 年 5 月,刚上任的美国总统克林顿签署行政命令,宣布有条件延长中国最惠国待遇一年。1994 年,克林顿政府宣布延长中国最惠国待遇一年,这一决定消除了中美经贸关系的一大障碍。此后的 5 年时间里,围绕是否给予中国最惠国待遇(1998 年起改为"正常贸易关系")问题,总统、国会、利益集团之间发生了激烈的斗争与冲突,但每次审议均以继续给予中国最惠国待遇而告终。2000 年 5 月和 9 月,美国国会的众议院和参议院分别以压倒性多数票通过了给予中国永久性正常贸易关系地位的提案,从而彻底结束了美国国内各种政治势力关于是否给予中国最惠国待遇的争议。

（三）贸易摩擦冲突不断

克林顿上台不久,美国政府就以中国向巴基斯坦出售导弹部件为由对中国进行了贸易制裁。1995 年,中美知识产权谈判陷入僵局,美国敦促中国在指定期限内满足其要求,否则将动用"特别 301 条款"对从中国进口的 35 种价值达 10 亿美元的商品征收 100% 的惩罚性关税。1995 年 5 月 4 日,美国纺织品协议执行委员会决定从当日起将单方面扣减中国纺织品配额 183 万打,给中国造成了将近 1 亿美元的经济损失。1996 年 4 月,美国再次将中国列为"超级 301 条款"的重点观察国家,威胁要对中国进行制裁。1996 年 5 月 15 日,美国公布了一项大约 20 亿美元的针对中国的贸易制裁清单,中国随即公布了对美的反报复清单,这些举措引发了中美贸易战。同年 6 月,中美双方就这一产权保护问题达成了一致,并互相取消了贸易报复行动。但到了 9 月初,美国又以中国企业非法转口纺织品为由,单方面扣减中国当年 13 个类别的纺织品配额。另外,美国贸易代表办公室发表的年度评估报告还时常批评中国仍在通过各种方式限制美国产品的进入,双边贸易不平衡问题也成为美国各界经常讨论的热点话题。与此同时,美国政府不断就市场准入问题向中国政府施压。1999 年 5 月,美国轰炸了中国驻南斯拉夫联盟共和国大使馆,使得两国关系陷入低谷,两国经贸关系受到严重影响,关于中国加入世界贸易组织的谈判也中断了,直到当年 9 月双方在新西兰奥克兰参加亚太经合组织非正式首脑会议上,确定了两国的建设性战略伙伴关系,两国经贸关系才有所回暖。

（四）对华出口管制先削弱后加强

随着 1991 年苏联的解体,1994 年巴统的解散,以及 1996 年以西方国家为主的 33 个国家自愿签署多边管制协定《瓦森纳协定》(The Wassenaar Arrangement),美国对中国歧视性的出口贸易管制政策虽然并未完全取消,但不断削弱。克林顿政府的简化出口的审批程序、废除大多数电信设备出口的许可证制度、调整商务部的"控制清单"等改革措施都有助于放松对华出口贸易管制。随着一般许可证转变为民用产品申请豁免,美国商务部处理的对华许可证申请从 1993 年的 2392 件下降到 1994 年的 789 件。1995 年 12 月,克林顿要求商务部与能源部、国务院等政府部门共同参与审议军民两用敏感产品的出口许可证。在休斯电子公司的积极努力下,1996 年 3 月,克林顿把管制出口商业通信卫星的权力从国务院转移到商务部。但是,自 1998 年开始,美国政府又加强了对华出口贸易管制。1998 年 5 月,美国众议院明确禁止向中国出口卫星。1998 年 6 月,克林顿访华前夕,国会 152 名议员以"美国向中国出口敏感导弹技术问题尚未查清"为由,要求取消克林顿的中国之行。美国国会组成了以共和党参议员克里斯托夫·考克斯为首的调查委员会,于 1998 年 12 月向国会递交了《对华技术转让报告》(又称《考克斯报告》),指责中国偷窃了美国一些最机密的技术,并提出了限制向中国出口 38 项技术的措施。为此,美国政府加强了对华出口贸易管制,仍由国务院负责商业卫星出口许可证的审批权。

二、政治与战略因素分析

冷战结束后的十年间,中美贸易额实现了大幅度增长,从根本上解决了长期制约两国贸易关系发展的政策性问题,这既是美国自身经济发展的客观需要,也是美国各种政治与战略因素综合作用的结果。

(一)对外战略的需要

冷战以美国为首的西方资本主义阵营的胜利而告终,中美两国在冷战期间共同的敌人苏联不复存在,两国共同的战略利益减少,战略合作的基础削弱;对美国而言,中国的战略价值及重要性大打折扣。在这种新的国际政治背景下,美国的对外战略调整为建立以美国为主导的单极世界,由与苏争霸转为独霸世界。在这一阶段,美国对华贸易政策总体上是友好的,这是因为克林顿政府认为一个稳定、开放和繁荣的中国可以承担起大国的责任和义务,成为美国商业拓展及对外投资的重要场所,符合美国的长远利益。克林顿执政期间,美国政府对中国的态度更为务实,其对华政策的趋向是将中国融入国际秩序和国际体系之中,利用多边体制对中国进行约束。应该指出的是,在此阶段,美国对华贸易政策趋于复杂,友好的政策背后隐藏着种种矛盾。冷战结束后,美国政府意图利用贸易问题来遏制中国发展,以维护其在亚太地区的霸主地位,所以才出现贸易摩擦冲突不断的局面。

此外,积极发展对华贸易与克林顿把经济安全摆在首位的对外战略是一致的。中国的廉价产品和广阔市场对美国的经济安全越来越重要。进入20世纪90年代,中国商品对美的重要性越发凸显,并成为美国各界的共识。在这一阶段,一方面,中国坚定不移地发展外向型经济,利用自身劳动力充足的优势,大力发展劳动密集型产品的对外贸易,积极开拓海外市场,而重要的贸易出口对象之一便是美国。很多美国人发现,如果不给予中国最惠国待遇,或者对中国产品设置严厉的贸易壁垒,将会使自身遭受严重损失。2001 年,中美贸易总额由 1989 年的 122.73 亿美元直线上升到 804.84 亿美元,而美国对华进口则由 1989 年的 44.12 亿美元猛增至 542.82 亿美元(见表 4-3)。另一方面,美国的很多企业也积极开拓中国市场,他们发现中国人的购买力越来越强,而且对国外产品的质量需求不断升级,因此美国各类出口企业十分关注中国市场、中美关系以及美国对华贸易政策的走势。很多美国大型企业都积极支持与中国进行正常的贸易往来并反对对华实施贸易制裁,因为一旦中国采取贸易报复措施,来自中国的巨额外贸订单将被取消,并落入其竞争对手——欧洲公司或日本公司的手中。美国政府在制定对华贸易政策过程中,必然也会考虑中国市场的重要性,因为中美贸易战一旦打响,丧失的中国市场份额将会对美国的经济产生极为不利的影响。

表 4-3　1989—2001 年中美贸易额统计　　　　　(单位:亿美元)

年份	进出口总额	中国出口额	中国进口额	差额
1989	122.73	44.12	78.61	-34.49
1990	117.70	51.80	65.90	-14.10
1991	141.70	61.60	80.10	-18.50
1992	174.90	85.90	89.00	-3.10

年份	进出口总额	中国出口额	中国进口额	差额
1993	276.50	169.60	106.90	62.70
1994	354.30	214.60	139.70	74.90
1995	480.30	247.11	161.18	85.93
1996	428.41	266.85	161.55	105.30
1997	489.93	326.95	162.98	163.97
1998	549.37	379.76	169.61	210.15
1999	614.26	419.46	194.80	224.66
2000	744.67	521.04	223.63	297.41
2001	804.84	542.82	262.02	280.80

注：根据中国海关总署发布的数据整理。

（二）利益集团的游说

冷战结束后的十年间，中国同美国的各种利益集团之间具有更大的利害关系，各利益集团参与政治活动的途径进一步拓宽，在对华贸易政策的决策过程中发挥着越来越重要的作用。由于中美两国在政治制度、意识形态以及文化传统等方面都存在许多不同与冲突，美国的一些利益集团经常将经贸问题与政治挂钩。在这些利益集团当中，劳联—产联组织对美国贸易政策制定的影响力最大。在对华贸易问题上,劳联—产联组织认为,美国从中国大量进口导致中国的廉价商品源源不断涌入美国市场,从而挤压了美国相关产业及生产厂商的生存空间。由于人口资源禀赋不同,中国的劳动密集型产品具有明显的竞争优势,中国产品对美国市场的占有减少了美国工人的就业机会。他们呼吁采取限制措施减少对中国产品的进口,对中美贸易设置障碍。劳联—产联组织在华盛顿雇用了 100 多名院外活动者专门从事游说政府工作,由他们来处理工会传达给白宫和国会议员的政治诉求。这些活动者中约有 1/3 属于专家级别,这些专业人员的游说增强了美国对国外进口产品的保守主义倾向,当然也影响了美国对华贸易政策的制定和实施。

在这一阶段,除了反对对华实施友好贸易政策的利益集团外,还有不少积极支持对华实施友好贸易政策的利益集团,最具代表性的是美中贸易商业联盟。据商业周刊报道,美中贸易商业联盟代表了几乎所有美国的大中型出口商,该组织在克林顿竞选成功而尚未就职时,就给其写了一封信,力劝克林顿给予中国最惠国待遇。克林顿经过通盘考虑,决定继续给予中国最惠国待遇。20 世纪 90 年代后期,工商业利益集团同国会紧密联系,有效地影响了对华贸易政策的制定。1999 年末到 2000 年春,在美国政府决议是否给予中国正常贸易关系地位的过程中,工商业利益集团强力卷入其中,扮演着替中国充当游说者的角色,使得参众两院均以压倒性多数通过了总统提出的给予中国正常贸易关系地位的建议。

(三)政党政治的影响

20 世纪 90 年代,美国的政党政治在很大程度上影响着中美关系。例如,

1992 年大选中，在民主党人犀利的攻击面前，老布什总统为挽回败局，居然不惜损害中美关系而借台湾问题哗众取宠，使得本来就处于低谷的中美关系雪上加霜。他在竞选中做出这一决定，被新闻界认为是"在选举年玩世不恭地操纵选举人的行为"，是"国内政治的驱使"所致，是为了获得得克萨斯州的 32 张选举人票。《纽约时报》的一篇社论也指出，老布什在竞选年所宣布的对外行为"完全是为了保证就业和获得家乡的选票"。在选举阶段，所有的问题，包括国家安全、外交政策等都没有"工作机会"更重要，所以老布什把他的竞选重点几乎都安排在了生产企业中。这充分体现了选举政治对美国对外政策的重大影响。大选期间，克林顿猛烈抨击老布什对华贸易政策的软弱态度，主张加强对华出口贸易管制，对华实施严厉的经济制裁。但克林顿上台执政后，美国政府总体上实行的也是友好的对华贸易政策。克林顿上台前后对华态度的变化，大多出于选举政治考虑，是美国各届总统选举与执政时期立场迥异的常态化表现。

美国政党政治对美国政府对华贸易政策的影响不仅体现在大选期间两党的相互攻击上，而且还体现在国会参众两院两党关于该议题的斗争上。美国的微观贸易政策主要是由国内各个利益集团的相对实力决定的，美国的两大政党是实现利益集团利益的主要工具。由于中美贸易问题在美国往往成为所有中美问题的落脚点，美国国会议员在利益集团的约束之下，可以追求自身的利益和获取更大的政治资本，以便为下一次竞选做好准备。这一时期，在是否给予中国最惠国待遇问题上两党进行了激烈交锋。1993 年，尽管克林顿所在的民主党在国会两院的领导人赞成对中国采取严厉的报复措施,但遭到共和党的极大反对,共和党认为对中国实施经济制裁会对美国造成巨大的经济损失。由于许多议员企图通过谴责中国来获得政治资本,民主党与共和党在这个问题上出现严重分歧。

第四节　从监督敦促到极限施压（2001—2021 年）

21 世纪以来,在新科技革命的推动下,世界政治经济格局发生重大变化。中美贸易关系在经历 20 世纪 90 年代的磨合后不断走向成熟,两国政府也积累了处理双边贸易关系的丰富经验。21 世纪以来的 20 多年,美国对华贸易政策已发展成为全球经济中的一件大事,其中蕴含的政治与战略因素对于美国国内政治走向和地缘政治变化产生了重要影响。

一、美国对华贸易概况

经过长时间的艰难谈判,中国于 2001 年成功加入世界贸易组织,中美经贸关系迎来了新的发展机遇。与此同时,两国贸易问题有了新的表现形式,从之前的最惠国待遇、出口贸易管制等问题转向人民币升值、美国对华贸易逆差等纠纷,而且解决问题的机制也发生了变化。近 20 多年来,美国对华贸易总体上经历了从监督敦促中国兑现入世承诺,到向中国极限施压的发展过程。

（一）小布什执政时期的对华贸易

2001 年，共和党籍小布什上台后，对外奉行强硬的单边主义外交政策，如退出反导条约、发动伊拉克战争、不执行《京都议定书》条款等等。小布什上任之初，对华政策强硬，将克林顿执政时期确立的"建设性战略伙伴关系"调整为"战略竞争对手关系"。2001 年"9·11"事件之后，美国政府将注意力集中到反恐上，为使中国政府配合美国的全球反恐行动，美国重新框定了对华政策。小布什称中美之间应发展建设性的合作关系，美国政府高级官员甚至将中美关系定位为"利益攸关方"。作为美国对华政策的晴雨表，中美贸易关系在"9·11"事件前后有着明显不同。"9·11"事件前，美国对华贸易政策强硬，但基于经济利益的考量和贸易政策的惯性，2001 年 7 月两国还是签订了《中美贸易发展合作框架协议》。"9·11"事件后，随着中国加入世界贸易组织，中美贸易关系得到空前发展。两国贸易范围从以货物贸易为主拓展到服务贸易、技术贸易等领域。从 2001 年到 2008 年，美国自华进口额从 1093 亿美元增长到 3563 亿美元，对华出口额从 180 亿美元增加到 672 亿美元。随着两国贸易规模的扩大，贸易摩擦也大幅度增加。从 2003 年起，美国不断以中美贸易逆差过大为由，向中国政府提出人民币升值、进一步开放市场等要求。仅 2003 年，中国对美出口产品就遭遇 11 起贸易救济立案调查，其中 9 起为反倾销案、2 起为特保案，涉及金额高达 18.5 亿美元。2005年，美国对华发起冷冻和罐装暖水虾反倾销调查，涉案金额达 4.3 亿美元，致使中国相关出口企业蒙受重大经济损失。[①] 自 2006 年起，美国对华贸易政策

---

① 熊志勇：《中美关系 60 年》，人民出版社 2009 年版，第 329 页。

的重点从监督中国履行个别义务转向督促中国承担更多责任。小布什政府认为中国加入世界贸易组织的过渡期已经结束,中国必须兑现当初的入世承诺,开放更多国内市场,承担更多责任,减少中美贸易失衡。2006 年 12 月,中美召开首次战略经济对话,其间美方敦促中方在市场准入、人民币汇率及知识产权保护等方面做出改进。同年,美国政府发布《2006 年中国履行世界贸易组织承诺情况报告》,在肯定中国入世后行为的同时,指出中国应在知识产权保护和增加美国企业进入中国市场便利性方面做出进一步改进。

(二)奥巴马执政时期的对华贸易

2008 年 9 月,美国爆发金融危机并迅速波及全球,重创了美国经济和全球经济。11 月,民主党人奥巴马当选美国总统。上台伊始,当务之急无疑是提振美国经济。与美国形成鲜明对比的是,中国经受住了金融危机的冲击,成为世界经济发展的重要引擎。2010 年,中国超过日本成为仅次于美国的世界第二大经济体,综合国力进一步增强,在地区和世界事务中的话语权进一步提升。奥巴马意识到美国经济要想快速走出低谷,离不开中国的合作与支持。他表示:"与世界人口最多、经济发展最快的国家保持建设性的关系是符合美国国家利益的,我将为这一目标做出努力。"[①] 美国政府实行大规模的财政刺激及经济援助,产生了巨大的财政赤字,为了弥补财政缺口,减小贸易逆差便成美国政府的重要任务,而拥有巨大贸易逆差的中国便成美

---

① 　袁鹏:《奥巴马政府对华政策走向与中美关系前景》,《外交评论》2009 年第 1 期。

国攻击的重要对象。随后,中美贸易摩擦加剧,奥巴马政府对华贸易政策的保护主义倾向明显增强。2012 年 3 月 1 日,美国贸易代表办公室表示将利用各种手段让中国遵守公平贸易原则。同年,奥巴马政府成立了贸易执法机构,称将对"以中国为首的贸易不公平国家"采取行动。2014 年 1 月,美国政府通过的《联邦政府 2014 财年综合拨款法案》中,限制美国部分政府机构采购中国生产的 IT 产品,限制美国向中国出口与商业卫星有关的产品。在奥巴马任内,美国政府 16 次将中国诉至世界贸易组织。2017 年 1 月,美国向世界贸易组织提起针对中国铝业的新案件,指控中国通过国内金融业提供资金补贴本国工业。为恶化中国的国际经济环境和地缘政治环境,奥巴马政府对华实行"暗战",拉帮结伙,以中国为靶子,力推"跨太平洋自由贸易协定"(TPP)、"跨大西洋贸易与投资伙伴协议"(TTIP)和"全球服务贸易协定"(TiSA)等区域或世界多边贸易体制,以建立一个将中国排除在外的"统一阵营"。[①]

从中美贸易额来看,由于受金融危机的冲击,2010 年下半年才恢复到危机之前的水平。2011 年,中美双边贸易额为 5032.1 亿美元,其中中国对美国出口 3993.4 亿美元,自美国进口 1038.8 亿美元。2012 年,中美双边贸易额为 5362.3 亿美元,其中中国对美国出口 4256.4 亿美元,自美国进口 1105.9 亿美元。2015 年,中美进出口贸易额为 5980.7 亿美元,美国成为中国第一大出口国、第四大进口来源地和第二大贸易伙伴(见表 4-4)。

---

① 智艳、罗长远:《中美贸易摩擦的演绎:一个政治经济学的视角》,《东南大学学报(哲学社会科学版)》2020 年第 1 期。

表 4-4 2008—2015 年中美贸易依计　　　　（单位：亿美元）

年份	进出口总额	中国出口额	中国进口额
2008	3337.4	2523.8	813.6
2009	2982.6	2208	774.6
2010	3853.4	2833	1020.4
2011	5032.1	3993.4	1038.8
2012	5362.3	4256.4	1105.9
2013	5624.5	4404.3	1220.2
2014	5906.8	4666.6	1240.2
2015	5980.7	4818.8	1161.9

数据来源：《中国统计年鉴 2016》。

（三）特朗普执政时期的对华贸易

2017 年，共和党籍特朗普上台执政，对外极力推行"美国优先"政策，中美关系陷入两国建交以来的历史最低点，中美贸易关系全面恶化。特朗普在退出 TPP 后，开始锁定中国，步步逼近，极限施压。2018 年 4 月，美国对中国发起贸易战，对从中国进口的商品大规模征收高额关税。2018 年 4 月 16 日，美国商务部下令拒绝中国电信设备制造商中兴通讯的出口特权，禁止美国公司向中兴通讯出口电信零部件产品，限期为 7 年。此外，美国商务部工业和安全局还对中兴通讯处以 3 亿美元的罚款。6 月 15 日，美国公布对中国商品加征关税清单，将对 500 亿美元从中国进口的商品清单加征 25% 的关税,包括 1102 种产品。7 月 11 日,美国公布拟对华 2000 亿美元输美产品加征 10% 的关税清单。8 月 1 日,美国贸易代表莱特希泽发布声明,拟将 2000 亿美元中国产品的征税税率由 10% 提高至 25%。需要指出的是,特朗普政府在对华贸易方面进行极限施压的同时,始终保持着与中国的必要接触,以避免局势的彻底失控。例如,中美双方领导人在参加 2018 年 12 月 2 日于阿根廷布宜诺斯艾利斯召开的 20 国集团(G20)领导人第 13 次峰会期间达成共识,一致同意停止相互加征新的关税,并"休战"90 天。又如,特朗普政府决定于 2019 年 9 月 12 日推迟对中国商品加征关税,以释放善意。经过反复利益权衡,在各种势力较量之下,2020 年 1 月,中美签署第一阶段经济贸易协议,特朗普政府的对华贸易战暂时停止。

针对美国主动挑起的贸易战,中国政府冷静应对,"以牙还牙"。2018 年 6 月 15 日,美国公布对中国加征关税的 500 亿美元清单;7 月 6 日,中国即表示将对原产于美国的大豆、汽车、水产品等进口商品对等采取加征关税措施,税率为 25%,涉及 2017 年中国自美国进口金额约 340 亿美元。同时,中方拟对自美进口的化工品、医疗设备、能源产品等商品加征 25% 的进口关税,涉及 2017 年中国自美国进口金额约 160 亿美元。2018 年 7 月 11 日,美国公布对中国加征关税的 2000 亿美元清单;8 月 3 日,中国即表示拟对原产于美国的 5207 个税目进口商品加征关税,该措施涉及自美进口金额约 600 亿美元。[①]

① 相关数据和信息来源于中国商务部网站,http://www.mofcom.gov.cn/.

二、政治与战略因素分析

通过对 21 世纪以来美国三任总统的对华贸易政策的简要梳理,可以看出美国对华贸易政策受政治与战略因素的影响越来越深。美国对华贸易政策与美国对外整体战略始终保持一致,服从于政治与外交需要,服务于美国整体国家战略。当美国与中国合作占主流时,贸易政策充当两国关系的缓冲器与润滑剂;当两国整体关系紧张时,贸易政策作为威胁制裁的手段影响两国关系走势。从美国国内政治视角看,美国对华贸易政策有着比较明显的政治周期性。美国总统竞选及任期初期对华态度比较强硬,而随着任期延长,美国总统对华态度会趋于理性,制定政策时倾向于采取现实主义;同时美国对华政策也与国会的选举周期密不可分,每逢国会换届选举,对华贸易政策保护主义倾向就会加强。

（一）对外战略的需要

小布什上台初期,对华贸易政策强硬。2001 年"9·11"事件后,美国的对外战略重心转为在全球打击恐怖主义。为了迎合新的对外战略需要,美国随后调整了对华贸易政策。奥巴马执政期间,"全球的发展呈现出了三个大的趋势:一是全球经济重心和权力重心东移的趋势;二是世界经济在短期内无法走向繁荣的趋势;三是国际政治权力多极化的趋势"[①]。为了应对新的国际形势,美国着手调整全球战略重心。2011 年 11 月,美国国务卿希拉里发表演说,指出"21 世纪全球战略与经济重心将逐渐向亚太地区转移,美

---

① 施建宇:《亚太地区战略形势与和谐海洋建设》,世界知识出版社 2012 年版,第 82 页。

国在未来十年最重要的任务就是在亚太地区增加投入"①。她的意思是随着中国的崛起,美国在亚太地区的盟友无法承担起平衡中国的作用,亚太地区的力量对比出现了失衡。亚太地区再平衡战略实际上就是美国在亚太地区投入更多的资源以应对中国的崛起,提早防范崛起后的中国对美国在亚太地区的利益构成挑战。在美国看来,中国国际经济地位的显著提升对美国的世界霸主地位构成了严重威胁,"中国威胁论"在美国甚至整个西方世界甚嚣尘上。自2010年中国的经济总量超过日本位列世界第二之后,与美国日益接近。2017年,美国的GDP约为19万亿美元,中国的GDP仅次于美国,约为12万亿美元,美国的GDP约占世界总额的24%,中国的GDP约占世界总额的15%,中国约为美国的63%。二战后,还没有哪个国家的经济实力同美国如此接近。为了遏制中国对美国全球霸主地位的挑战,奥巴马政府企图构建新的由美国主导的世界多边贸易体制,以恶化中国的国际经济环境。

如果说奥巴马政府利用贸易手段对中国实行"暗战",那么特朗普政府对中国输美商品征收高额关税,则是美国政府利用贸易手段企图阻碍中国经济实力进一步增强的"明战"。"规制"或"规锁"是当前美国对华战略的本质,即用一套基于"美国优先"原则的国际规则或规范来限定中国在高端产业的行为,并借此把中国在全球价值链中的位置予以锁定,从而最大限度

---

① 《希拉里·克林顿:21世纪将是美国的太平洋世纪》,新华网,https://www.chinanews.com/gj/2011/11-11/3453933.shtml.

地维持美中两国在综合国力上的差距。①从整体上看,特朗普政府发起的对华贸易战意在让中国在以贸易为核心的一系列竞争中做出巨大让步。40多年来,中国综合国力的提升主要基于中国经济的快速发展,其中对外贸易又在中国的经济增长、技术进步、管理提升等方面发挥着重要作用。尤其是在中国加入世界贸易组织之后,外资和外贸在中国经济实力积累过程中的作用日益明显。经济增长、技术提升及其带来的社会变革为中国的综合国力及战略竞争力的提升打下了坚实的基础。美国的这些措施,就是为了阻碍中国对外贸易的快速发展,从而延缓中国崛起的进程。

（二）利益集团的游说

在这一阶段,美国各种利益集团开始通过空前活跃的院外活动来影响美国对华贸易政策的制定和实施。小布什为了获得跨国公司和财团等大型企业的支持及兑现他竞选时的承诺,在制定对外政策时偏向这些利益集团。波音、通用电气、摩托罗拉、伊士曼化学品公司等在中国有着巨大商业利益的公司都积极活动,影响着美国对华贸易政策。针对特朗普政府发动的对华贸易战,相关利益集团的反对声音也越来越强。由于美国的农业比较发达,其农产品在世界市场有着比较强的竞争力,希望打开国外市场的农业集团就具有比较强的自由主义倾向。具有代表性的是全国农业者协会、美国农业协会联盟以及北美谷物出口者协会等,他们希望通过美国倡导的自由贸易体系,可以比较顺利地渗透并占领海外市场。美国农业社联合会认为,中美

---

① 张宇燕、王正毅、杨光斌:《笔谈:金融危机十年来的世界政治变迁》,《世界政治研究》2019年第1期。

经贸摩擦对国内农业出口造成了致命伤害（2017 年美国对华农产品出口为195 亿美元，2018 年降至 91 亿美元，2019 年上半年仅为 13 亿美元），并督促特朗普政府尽快完成中美经贸磋商。转口贸易集团的成员主要为美国从事转口贸易的公司和企业，比如设在中国香港地区的美国商会和美国公民在港协会中的企业。他们通过参与生产供应链条的一节来获得差价利润，关税的高低以及贸易的自由与否跟他们的利益直接相关。进口中间商主要从事从国外进口商品的转手销售活动，零售集团、在国外投资的加工集团等都属于这一类，美国零售商协会、日常生活消费品相关的进口企业、美国玩具制造商协会等相关企业组成了这一利益集团，他们的业务经营及利润来源跟自由贸易密不可分。这些都是对贸易政策最敏感的利益集团，是对华贸易战的坚决反对者。他们的诉求很快传至美国国会。2018 年 7 月 11 日，美国参议院以 88∶11 的压倒性票数通过一项约束特朗普加征关税权力的决议，寻求扩大国会在限制总统加征关税方面的作用。虽然该决议并未真正实施，但从侧面反映出大部分国会议员在对华加征关税问题上与特朗普政府存在严重分歧。更需注意的是，美国国会议员作为各自选区利益的集中代表，是美国国内不同利益主体的"传声筒"，这些反对力量成为特朗普政府在 2019 年急于与中国达成贸易协议的重要推动力，是美国对华贸易政策不断演进的内在驱动力。在美国众多利益集团中，夕阳产业利益集团选择支持特朗普政府针对中国的贸易保护主义政策，主张对华实施加征关税，这类夕阳产业主要是指从事相对衰落的行业诸如从事钢铁、纺织等生产的公司。制造业贸易联合会、全国纺织业总会和全国纺织品协会等都是这类企业组成的利益集团组织。这些行业在世界市场竞争中处于劣势,相关从业人员因为知识结构限制不能转业,又因为美国生活水平、劳动力价格等因素无法降低成本,因此视自由贸易为敌,认为自由贸易侵占了他们的工作机会,多持保护主义的贸易立场。总体而言,各个利益集团实力此消彼长的变化趋势可以让支持自由贸易的利益集团对国会议员产生更大的影响力,从而有利于抑制特朗普政府的贸易保护主义政策倾向。①

值得一提的是,在这一阶段,利益集团利益取向多元化的趋势日益加剧。例如,美国工商业利益集团在中国的利益和挑战发生了重大变化。在20世纪90年代,对于他们来说,利用中国廉价的劳动力和开辟广阔的中国市场是压倒性因素,不同的工商业组织对此达成共识。而在中国加入世界贸易组织之后,贸易不平衡、人民币汇率、知识产权保护等成为工商业利益集团更为关注的问题。

(三)政党政治的影响

进入21世纪以来,美国的党派纷争异常激烈,在很大程度上影响着美国对华贸易政策的走势。20世纪90年代,两党对贸易政策的态度可谓泾渭分明,形成了两大阵营。民主党时常对自由贸易议案加以否决,或者以加入严格的环保、劳工标准为条件;而共和党成了坚定的自由贸易主义者。21世纪以来,国会议员的个人主义之风盛行,使得两党在贸易问题上的斗争呈现出与以往不同的新特点,并直接影响美国政府对华贸易政策的制定。例如,

---

① 周俊:《特朗普政府的贸易政策——基于美国国内贸易政治视角的分析》,《国际展望》2017年第6期。

2004 年共和党参议员 Schumer 和 Graham 提出一项议案,要求对来自中国的进口商品征收 27.5% 的临时附加税,以迫使中国政府调整人民币汇率。在一次程序性表决中,有 67 位参议员对此议案投出了赞成票。此前,民主党人一直对美国政府的"软弱反应"进行批评,而大多数共和党人却不以为然,他们坚持扩大贸易的信条,认为同中国开展贸易对美国有利。这一变化的出现主要是因为在美国商业和政治机构中有一些持续性因素限制了两党关于贸易问题本身两极分化的趋势,而两党内部小团体的出现也制约了两极分化。

在 2016 年竞选总统过程中,特朗普指责欧盟、加拿大等盟国的不公平贸易行为,并对中国在市场准入、知识产权、技术转让、人民币汇率等方面进行了攻击。在其当选总统后,美国政府发起对中国的贸易战也在意料之中,是兑现竞选承诺的需要。如果特朗普轻易放弃其竞选时提出的贸易保护主张,将会极大伤害其基本盘的民意支持。国内外学术界普遍认为,2018 年初特朗普政府决定对中国发起贸易战,与 2018 年 5 月即将举行的美国国会中期选举有关。有关统计数据显示,美国在任总统在国会中期选举中平均丢掉 2 个参议院席位和 33 个众议院席位。在 2010 年的美国国会中期选举中,美国总统奥巴马所在的民主党就遭遇了惨败。[①] 特朗普自然不敢掉以轻心,对包括中国在内的贸易伙伴表示出强硬姿态,是其赢得中期选举的一个策略。事实也表明,共和党保住了参议院的多数议席。特别是在临近大选时,新冠肺炎疫情在美国本土肆虐导致民调落后,特朗普猛打"中国牌",借此转移选民

---

① 《特朗普掀中美贸易战的背后:为中期选举未雨绸缪》,《第一财经》2018 年 3 月 23 日。

关注焦点,向反华势力示好,骗取选票。总体而言,美国国内的党派纷争有时使对华贸易政策朝着友好的方向发展,有时却使政策充满敌意。从结果看,党派纷争是自由贸易的大敌,会阻碍中美贸易关系的健康稳定发展。

结 语

国际政治经济学是观察和解决当前诸多国际问题的一个重要理论视角，为当代国际关系中的经济政治互动现象提供了一个理论分析框架。基于国际贸易的一般特征，在国际经济的一系列现象中，国际贸易行为的政治功能显得更加突出。美国作为二战后的头号经济强国和贸易大国，其对外贸易行为不仅着眼于经济因素，而且还要考量政治因素。以中美贸易关系为例，实践证明，美国对华贸易政策的制定和实施过程中蕴含着复杂的政治与战略因素。

　　当前，世界正处于大发展大变革大调整的重要时期，国际局势总体稳定，世界秩序震荡重构，各种势力较量暗潮汹涌，但和平与发展仍是时代主题。特朗普执政时期，在"美国优先"的理念下，美国先对其盟国下手，再将火力集中对准中国，并阻挠世界贸易组织的正常运行，全球贸易受到沉重打击。拜登政府上台后，一直在国际舞台上高喊"美国回来了"，向世界宣示将重拾多边主义，美国重新加入了特朗普执政时期退出的国际组织，并逐步恢复了与盟国的关系。受新冠肺炎疫情影响，2020年美国贸易逆差达6787亿美元，较2019年增长17.7%，创2008年国际金融危机以来新高。2021年7月2日，美国商务部公布的数据显示，随着美国消费需求回升和进口增加,2021 年 5 月美国商品和服务贸易逆差环比扩大 3.1%,增至 712 亿美元。数据显示,2021 年前 5 个月美国累计贸易逆差为 3531 亿美元,同比增长 45.8%。英国牛津经济咨询公司经济学家博什蒂安契奇表示,得益于财政支持和消费驱动,美国经济复苏领先于全球经济反弹,预计未来美国贸易逆差将继续扩大。[①] 在这样的国际形势下,受美国国内政治经济的影响,为了减少贸易逆差,缓解美国政府的财政赤字,拜登政府的对外贸易政策总体上会趋于保守,贸易保护主义会有所抬头,但会在多边贸易体制内解决国际争端,而且措施会比特朗普政府温和。由于拜登是奥巴马执政时期的副总统,同为民主党执政的美国新政府的对外贸易政策应该会与奥巴马政府的对外贸易政策有很多相似之处。

特朗普执政期间,中美关系处于两国建交以来历史最差时期。拜登当选美国总统后表示,"美国最大威胁是俄罗斯,最大竞争对手是中国",中美关系由于美国领导人的更替有了转机。可以推断,接下来的中美关系不会像特朗普执政时期那样恶劣,但冲突是不可避免的。美国对华战略具有历史延续性,在经历一段时期的磨合之后,拜登政府的对华战略基本上可以确定为,一方面,美国会在某些地区和国际问题上寻求中国的合作与支持。中美两国都是具有世界影响的大国,是当今世界最大的两个经济体,对世界和地区的和平、稳定与发展有着重大责任。两国在全球气候变化、稳定世界经济秩序、裁军和防止核扩散、朝鲜半岛等许多方面都有着广泛的共同利益,所以美国

---

① 《美国 5 月贸易逆差环比扩大》,新华网,http://m.xinhuanet.com/2021-07/03/c_1127619837.htm.

需要同中国合作。例如,2021 年 4 月 17 日,美国总统气候问题特使克里访问中国,次日中美就应对气候危机发表联合声明。4 月 23 日,拜登还邀请习近平主席以视频方式参加领导人气候峰会。另一方面,美国会继续炒作各种议题给中国发展设置障碍,以防强大起来的中国对美国的全球霸主地位构成威胁与挑战,并不断要求中国遵守基于规则的国际秩序。

当前,美国对华战略可以引用中国外交部副部长谢锋的话来总结,即"对抗遏制是本质,合作是权宜之计,竞争是话语陷阱。有求于中方时就要求合作,在自以为有优势的领域就脱钩断供、封锁制裁,为了遏制中国,冲突对抗也在所不惜"①。美国对华贸易政策作为其对华战略的重要内容,同样遵循这种"双轨政策",这是由美国的全球战略利益决定的。近年来,中国经济继续保持稳定增长,成为 2020 年唯一实现经济增长的世界主要经济体,综合国力大为增强,第一个百年奋斗目标如期实现,正向第二个百年奋斗目标前进。随着经济全球化的深入推进,中美经贸往来将更加密切,两国经贸关系不仅对各自经济发展有重要意义,而且会对世界经济发展产生重要影响。多年来,美国工商业从对华贸易中获得了巨大经济利益,特别是美国国内消费者获得了廉价的生活日用品,中美贸易战最终损害了美国自身的利益。据报道,2021 年 8 月 5 日,30 多个美国商团(包括美国商会、美中贸易全国委员会、商业圆桌会议、美国农业事务联合会和半导体行业协会等有影响力的团体)联合向拜登政府发出信函,呼吁美国恢复与中国的贸易谈判,

---

① 《外交部副部长谢锋与美国常务副国务卿舍曼举行会谈》,中华人民共和国外交部网,https://www.fmprc.gov.cn/web/.

并削减对从中国进口商品加征的关税,以缓解美国通胀压力。他们称,这类关税拖累美国经济增长。有关商团还在信函中表明,关税提高了美国业者在国内制造产品和提供服务的成本,使产品和服务出口到海外后竞争力降低。但随着中美经济实力和综合国力的日益接近,美国对中国的崛起充满了焦虑。美国政界部分人士认为,如果不利用贸易问题制约中国,中国将很快成为世界经济强国,最终会对美国在亚太地区及至全球的利益构成挑战。事实上,自拜登上台后,美国政府对华实施了一系列贸易制裁行为,这是国际经济政治化,即运用经济手段达到国际政治目标的典型表现。例如,美国以所谓的"强迫劳动"问题为借口,对中国新疆的棉花产品及其有关中国企业采取制裁措施,称这是"强迫劳动"的产品。随后,又对新疆生产建设兵团和四家中国企业实施出口限制。美国的这些行为违反了国际贸易规则,破坏了全球产业链、供应链、价值链,是赤裸裸的霸凌行径,意图限制打压中国企业发展。

实际上,美国的对华贸易行为自始至终脱离不了政治的干预。特朗普执政时期,美国就以违反美国贸易制裁为由,要求加拿大逮捕孟晚舟并引渡到美国。2018年12月,就在孟晚舟被捕后的几个月,总统特朗普及国务卿蓬佩奥就表明,如果能够有利于美国的外交政策和贸易利益,华盛顿准备干预此案。值得一提的是,美国除了单独对华实施贸易制裁外,还积极建立孤立中国的世界和地区多边贸易体制,以恶化中国外部经济环境。据报道,美国白宫正在讨论一项涵盖印太经济体的数字贸易协议提案,以制约中国的区域影响力,涵盖的国家包括加拿大、智利、日本、马来西亚、澳大利亚、新西兰和新加坡。特朗普 2017 年宣布美国退出《跨太平洋伙伴关系协定》(TPP)，拉开与亚洲的距离，这一计划显示拜登政府正试图将美国的焦点重新拉回亚洲。

对此，我们必须从中华民族伟大复兴的战略全局和世界百年未有之大变局的高度来看待和处理美国对华贸易问题。要咬定中国发展的两个战略目标：到 2035 年基本实现社会主义现代化，到 21 世纪中叶建成富强民主文明和谐美丽的社会主义现代化强国。在应对美国对华贸易问题上，既要坚持原则，又要灵活变通，绝不能把美国看作单一政治行为体，而应从美国多头政治的特征出发来制定应对策略。

首先，对内要加快形成强大国内市场，构建新发展格局。立足国内大循环，协同推进强大国内市场和贸易强国建设，依托国内经济循环体系形成对全球要素资源的强大引力场，促进国内国际双循环，[①] 从而摆脱对美国市场和生产要素的过度依赖。对外要维护以世界贸易组织为核心的多边贸易体制，运用好世界贸易组织争端解决机制，以维护自身的合法权益，而且还要大力推进"一带一路"建设，坚定推动全球化进程，提升中国在全球治理中的话语权。

其次，要加强对美国对华贸易政策形成机制的理论研究。及时追踪、系统收集并周密分析美国国内政治信息，包括总统的个人价值取向、内阁重要成员的价值理念、政府与国会的互动机制、利益集团游说活动的规律以及民

---

① 李克强：《政府工作报告——2021 年 3 月 5 日在第十三届全国人民代表大会第四次会议上》，人民出版社 2021 年版，第 12 页。

意变化的状况,为制定具有针对性的应对策略提供理论支持和信息支撑。

再次,要加强与美国各阶层人士特别是政府官员、国会议员和有关利益集团的互动与沟通,及时澄清事实,加强互相理解,让美国各界明白中美贸易"合则两利,斗则两害"的深刻道理。在中美关系极为敏感时期,在寻求共同利益的基础上共同维护中美双边贸易关系的正常发展,以造福两国人民。2021年8月12日,美国常务副国务卿谢尔曼与中国驻美大使秦刚举行闭门会谈,双方谈得很深入,也很坦诚,充分交换了意见。双方一致认为,中美双边关系非常重要,要通过对话沟通解决问题。2021年8月13日,中国驻美大使秦刚通过视频会见美中贸易全国委员会会长艾伦。两人的交谈长达近一个小时,交谈范围包括多个与贸易、投资和经济有关的课题。双方也同意,悬而未决的课题应通过对话与合作来解决。另外,中国商务部新闻发言人高峰表示,中美经贸团队保持着正常沟通。2021年前7个月,中美双边货物贸易额同比增长40%,其中,中国自美进口同比增长50.4%,对美出口增长36.9%。①2021年11月10日,美国贸易代表戴琪表示,针对北京就特朗普政府时期贸易协议的落实情况,双方的谈判取得了进展。2021年11月16日,中美元首举行视频会晤,就"中美关系和双方共同关心的问题"交换意见,双方观点达成一致:避免中美发生冲突。

最后,原则问题不可让步,必要时采取反制措施。坚决反对美国利用贸易问题干涉中国内政的行为,反对某些美国政客以此捞取政治资本。中国政

① 《中国商务部:中美经贸团队保持正常沟通》,新加坡联合早报网,http://www.zaobao.com/realtime/china/story20210826-1186775.

府应根据形势发展坚决采取正当、必要的反制措施，让美方为此付出代价。除了采取传统的口头外交抗议等反制措施外，还要对美国进行反制裁。针对美国商务部以"强迫劳动"为由对中国相关公司实施贸易制裁的行为，中国外交部发言人强调，中国将密切关注美国举措，并做出必要反应，坚决维护自身利益。中国政府必要时采取的反制裁措施，可以迫使美国政府调整对华贸易政策，重新评估对华贸易制裁行为的利害关系。值得指出的是，针对外国干涉中国内政的制裁行为，2021 年 6 月 10 日全国人大常委会通过了《反外国制裁法》，为中国政府采取相应的反制裁措施提供了强有力的法治保障。

参考文献

一、中文著作类

[1]《列宁选集》(第2卷),北京:人民出版社2012年版。

[2]《马克思恩格斯文集》(第1卷),北京:人民出版社2009年版。

[3]《马克思恩格斯文集》(第2卷),北京:人民出版社2009年版。

[4]《马克思恩格斯文集》(第3卷),北京:人民出版社2009年版。

[5]《马克思恩格斯文集》(第5卷),北京:人民出版社2009年版。

[6]陈宝森:《美国经济与政府政策:从罗斯福到里根》,北京:世界知识出版社1988年版。

[7]陈洁华:《21世纪中国外交战略》,北京:时事出版社2001年版。

[8]陈必达、许月梅:《国际政治关系经济学》,兰州:甘肃人民出版社1996年版。

[9]楚树龙、耿秦:《世界、美国和中国:新世纪国际关系和国际战略理论探索》,北京:清华大学出版社2003年版。

[10]楚树龙:《冷战后中美关系的走向》,北京:中国社会科学出版社2001年版。

[11] 丁松泉：《中国崛起与中美关系》，北京：中国社会科学出版社 2005 年版。

[12] 樊勇明：《西方国际政治经济学理论与流派》，上海：上海人民出版社 2003 年版。

[13] 冯绍雷、潘世伟，范军：《国际关系新论》，上海：上海社会科学出版社 1994 年版。

[14] 傅梦孜：《中美战略关系新论》，北京：时事出版社 2005 年版。

[15] 郭丁：《国际经济关系学》，北京：中国人民大学出版社 1992 年版。

[16] 胡礼忠、金光耀、顾关林：《从望厦条约到克林顿访华：中美关系 1844 ～ 1996》，福州：福建人民出版社 1996 年版。

[17] 韩立余：《美国贸易法》，北京：法律出版社 1999 年版。

[18] 金应忠、倪世雄：《国际关系理论比较研究》，北京：中国社会科学出版社 1992 年版。

[19] 李斌：《国际政治经济学：全球视野下的市场与国家》，南京：南京大学出版社 2005 年版。

[20] 李群英、王建新、卢翰章：《当代世界经济与政治》，北京：法律出版社 1999 年版。

[21] 李道揆：《美国政府与美国政治》，北京：中国社会科学出版社 1990 年版。

[22] 李少军：《国际战略报告：理论体系、现实挑战与中国的选择》，北京：中国社会科学出版社 2005 年版。

[23] 李少军：《国际政治学概论》，上海：上海人民出版社 2002 年版。

[24] 林珏：《战后美国对外贸易政策研究》，昆明：云南大学出版社 1995 年版。

[25] 刘厚俊等：《国际贸易新发展：理论、政策、实践》，北京：科学出版社 2003 年版。

[26] 柳剑平：《当代国际经济关系政治化问题研究》，北京：人民出版社 2002 年版。

[27] 马丹：《美国对外贸易体制研究》，北京：中国经济出版社 2010 年版。

[28] 倪世雄等：《当代西方国际关系理论》，上海：复旦大学出版社 2001 年版。

[29] 宋新宁、陈岳：《国际政治经济学概论》，北京：中国人民大学出版社 1999 年版。

[30] 苏长和：《全球公共问题与国际合作：一种制度的分析》，上海：上海人民出版社 2000 年版。

[31] 陶文钊：《冷战后的美国对华政策》，重庆：重庆出版社 2006 年版。

[32] 陶文钊：《中美关系史》（下卷），上海：上海人民出版社 2004 年版。

[33] 汪尧田、范淑蓉：《关税与贸易总协定基本文件汇编》，北京：中国对外经济贸易出版社 1993 年版。

[34] 王正毅、张岩贵：《国际政治经济学：理论范式与现实经验研究》，北京：商务印书馆 2003 年版。

[35] 王和英等:《中华人民共和国对外经济贸易关系大事记（1949～1985）》,北京:对外贸易教育出版社1987年版。

[36] 王晓德:《美国文化与外交》,北京:世界知识出版社2000年版。

[37] 王逸舟:《当代国际政治析论》,上海:上海人民出版社1995年版。

[38] 王逸舟:《西方国际政治学:历史与理论》,上海:上海人民出版社1998年版。

[39] 吴天佑、傅曦:《美国重要智库》,北京:时事出版社1982年版。

[40] 吴心伯:《世事如棋局局新:21世纪初中美关系的新格局》,上海:复旦大学出版社2011年版。

[41] 熊志勇:《中美关系60年》,北京:人民出版社2009年版。

[42] 项立岭:《中美关系史全编》,上海:华东师范大学出版社2002年版。

[43] 徐禾等:《政治经济学概论》(第五版),北京:中国人民大学出版社2021年版。

[44] 杨曼苏:《国际关系基本理论导读》,北京:中国社会科学出版社2001年版。

[45] 俞正梁:《当代国际关系学导论》,上海:复旦大学出版社1996年版。

[46] 俞正梁等:《全球化时代的国际关系》,上海:复旦大学出版社2000年版。

[47] 余庆瑜:《国际贸易实务:原理与案例》(第三版),北京:中国人民大学出版社2021年版。

[48] 张敏谦：《美国对外经济战略》，北京：世界知识出版社 2001 年版。

[49] 张丽娟：《美国贸易政策的政治经济学》，北京：经济科学出版社 2017 年版。

[50] 张跃发、刘养洁：《民族国家与世界经济》，北京：时事出版社 1999 年版。

[51] 赵春明：《国际贸易学》，北京：石油工业出版社 2003 年版。

[52] 赵庆寺、黄虚峰：《当代世界经济与政治》，上海：华东理工大学出版社 2004 年版。

[53] 中国现代国际关系研究所：《美国智库及其对华倾向》，北京：时事出版社 2003 年版。

[54] 周宇豪：《利益攸关：中美关系的过去·现在·未来》，北京：中国传媒大学出版社 2007 年版。

[55] 周敏凯：《当代世界政治经济与国际关系》，北京：高等教育出版社 2002 年版。

[56] 周忠海：《国际经济关系中的法律问题》，北京：中国政法大学出版社 1993 年版。

[57] 资中筠：《追根溯源：战后美国对华政策的缘起与发展(1945～1950)》，上海：上海人民出版社 2000 年版。

二、外文译著类

[1]R.麦克法夸尔、费正清:《剑桥中华人民共和国史》,谢亮生译,北京:中国社会科学出版社 1998 年版。

[2] 阿维纳什·K.迪克西特:《经济政策的制定:交易成本政治学的视角》,刘元春译,北京:中国人民大学出版社 2004 年版。

[3] 兹比格纽·布热津斯基:《大棋局:美国的首要地位及其地缘战略》,中国国际问题研究所译,上海:上海人民出版社 1998 年版。

[4] 查尔斯·希尔:《今日全球商务》,孙建秋、邹丽等译,北京:机械工业出版社 1999 年版。

[5] 马丁·费尔德斯坦:《20 世纪 80 年代美国经济政策》,黄范章、裴小革、王健等译,北京:经济科学出版社 2000 年版。

[6]I.戴斯勒:《美国贸易政治》,王恩冕、于少蔚译,北京:中国市场出版社 2006 年版。

[7] 戴维·赫尔德、安东尼·麦克格鲁等:《全球大变革:全球化时代的政治、经济与文化》,杨雪冬、周红云等译,北京:社会科学文献出版社 2001

年版。

[8] 费正清:《美国与中国》,张理京译,北京:世界知识出版社 1999 年版。

[9] 格罗斯曼、赫尔普曼:《利益集团与贸易政策》,李增刚译,北京:中国人民大学出版社 2012 年版。

[10] 汉斯·J.摩根索:《国家间政治:寻求权力与和平的斗争》(中译本),徐昕等译,王缉思校,北京:中国人民公安大学出版社 1990 年版。

[11] 海伦·米尔纳:《利益、制度与信息:国内政治与国际关系》,曲博译,上海:上海世纪出版集团 2015 年版。

[12] 基辛格:《白宫岁月:基辛格回忆录》,陈继淦等译,北京:世界知识出版社 1980 年版。

[13] 杰弗里·法兰克尔、彼得·奥萨格等:《美国 90 年代的经济政策》,徐卫宇等译,北京:中信出版社 2004 年版。

[14] 杰里尔·A.罗塞蒂:《美国对外政策的政治学》,周启朋等译,北京:世界知识出版社 1997 年版。

[15] 康威·汉得森:《国际关系:世纪之交的冲突与合作》,金帆译,海口:海南出版社 2004 年版。

[16] 肯尼思·N.华尔兹:《人、国家与战争》,倪世雄、林志敏、王建伟译,上海:上海译文出版社 1991 年版。

[17] 肯伍德、洛赫德:《国际经济的成长:1820～1990》(中译本),王春法译,北京:经济科学出版社 1997 年版。

[18] 罗伯特·基欧汉、约瑟夫·奈：《权力与相互依赖：转变中的世界政治》，林茂辉、段胜武译，北京：中国人民公安大学出版社 1992 年版。

[19] 罗伯特·基欧汉：《霸权之后：世界政治经济中的合作与纷争》，苏长和、信强、何曜译，上海：上海人民出版社 2006 年版。

[20] 罗伯特·吉尔平：《全球政治经济学：解读国际经济秩序》，杨宇光、杨炯译，上海：上海人民出版社 2003 年版。

[21] 罗伯特·吉尔平：《国际关系政治经济学》，杨宇光等译，北京：经济科学出版社 1989 年版。

[22] 罗伯特·吉尔平：《全球资本主义的挑战：21 世纪的世界经济》，杨宇光、杨炯译，上海：上海人民出版社 2001 年版。

[23] 理查德·尼克松：《透视新世界》，刘庸安等译，北京：中国言实出版社 2000 年版。

[24] 迈克尔·谢勒：《二十世纪的美国和中国》，王扬子、刘湖译，北京：生活·读书·新知三联书店 1985 年版。

[25] 麦克斯·J. 斯基德摩、马歇尔·卡特·特里普：《美国政府简介》，张帆等译，北京：中国经济出版社 1998 年版。

[26] 苏珊·斯特兰奇：《国际政治经济学导论：国家与市场》，杨宇光等译，北京：经济科学出版社 1990 年版。

[27] 小约瑟夫·奈：《理解国际冲突：理论与历史》（第五版），张小明译，上海：上海人民出版社 2005 年版。

[28] 休·怀特：《中国抉择：美国为什么应与中国分享权力》，樊犇译，北

京：世界知识出版社 2013 年版。

[29] 亚历山大·温特：《国际政治的社会理论》，秦亚青译，上海：上海人民出版社 2000 年版。

[30] 约瑟夫·奈：《美国霸权的困惑》，郑志国等译，北京：世界知识出版社 2002 年版。

[31] 约翰·米尔斯海默：《大国政治的悲剧》，王义桅、唐小松译，上海：上海人民出版社 2003 年版。

[32] 詹姆斯·多尔蒂、小罗伯特·普法尔茨格拉夫：《争论中的国际关系理论》（第五版），阎学通、陈寒溪等译，北京：世界知识出版社 2003 年版。

三、学术论文类

[1] 程大为:《美国与 WTO 贸易政策》,《财金贸易》2000 年第 8 期。

[2] 程恩富、李静:《"一带一路"建设海上合作的国际政治经济学分析》,《管理学刊》2021 年第 2 期。

[3] 曹俊文、雷清雅:《新发展理念下我国对外贸易高质量发展评价》,《统计与决策》2021 年第 7 期。

[4] 付瑞红:《奥巴马政府亚太战略调整与中美关系》,《亚非纵横》2012 年第 5 期。

[5] 干靖宇:《论当代国际贸易理论的国际政治经济学意义》,《知识经济》2015 年第 9 期。

[6] 黄兴年、王庆东:《国际贸易新规则的制度非中性与中国产业升级路径选择》,《国际贸易》2016 年第 3 期。

[7] 韩亚伟:《马克思主义国际政治经济理论构建的三重生成逻辑——〈马克思主义国际政治经济原理的构建〉评介》,《江西财经大学学报》2021 年第 11 期。

[8] 金灿荣：《国会与美国贸易政策的制定——历史和现实的考察》，《美国研究》2000 年第 2 期。

[9] 焦世新：《小布什任内的中美关系：改善根源和前景分析》，《上海商学院学报》2008 年第 5 期。

[10] 李群：《管理贸易概念与内涵界定》，《南京财经大学学报》2004 年第 4 期。

[11] 李滨、姚鸿：《民族主义·自由主义·马克思主义：国际政治经济学的理论流派、学术渊源和当代代表》，《欧洲研究》1999 年第 5 期。

[12] 李巍：《国际政治经济学的演进逻辑》，《世界经济与政治》2009 年第 10 期。

[13] 李伟健：《从美伊交恶看美对伊遏制政策面临的考验：写在克林顿政府决定制裁伊朗之后》，《国际展望》1995 年第 10 期。

[14] 李晓：《新时代中国国际政治经济学研究：问题与方向》，《政治经济学评论》2021 年第 1 期。

[15] 李滨、陈子烨：《构建互利共赢的国际政治经济学理论》，《世界经济与政治》2019 年第 10 期。

[16] 乐玉成：《世界大变局中的中国外交》，《外交评论》2011 年第 6 期。

[17] 鲁明川：《逆全球化的政治经济学论析》，《浙江社会科学》2021 年第 1 期。

[18] 刘胜湘：《经济全球化进程中国际政治的演变》，《世界经济与政治》1999 年第 12 期。

[19] 刘运顶：《论 20 世纪 90 年代美国贸易政策中的单边主义》，《财经问题研究》2001 年第 3 期。

[20] 刘运项：《试论全球化背景下利益集团对美国贸易政策决策的影响》，《华南金融研究》2002 年第 6 期。

[21] 苗迎春：《布什政府的对外贸易政策评析》，《世界经济研究》2005 年第 7 期。

[22] 马雁：《美国对外贸易区"出口倍增"实现机制探析》，《天津社会科学》2016 年第 5 期。

[23] 秦亚青：《层次分析法与国际关系研究》，《欧洲研究》1998 年第 3 期。

[24] 秦亚青：《国际体系、国际秩序与国家的战略选择》，《现代国际关系》2014 年第 7 期。

[25] 任东来：《国际政治经济学中的霸权稳定理论》，《战略与管理》1995 年第 6 期。

[26] 安德烈斯月·施瓦曾伯格：《美国商品贸易和服务贸易：变化与挑战》，王宇译，《金融发展研究》2020 年第 7 期。

[27] 施炳展、游安南：《数字化政府与国际贸易》，《财贸经济》2021 年第 7 期。

[28] 盛斌：《国际贸易政策的政治经济学：理论与经验方法》，《国际政治研究》2006 年第 2 期。

[29] 盛斌：《贸易政策政治经济学的实证研究：综述与评论》，《南开经济研究》2001 年第 5 期。

[30] 宿景祥：《中国"非市场经济地位"与美国贸易政治》，《世界经济与政治》2004 年第 4 期。

[31] 孙哲、李巍：《美国贸易代表办公室与美国国际贸易政策》，《美国研究》2007 年第 1 期。

[32] 孙泽生、严亚萍：《域外竞争、政治关系与国际贸易——以中国与"一带一路"沿线国家为例》，《太平洋学报》2021 年第 4 期。

[33] 屠新泉：《党派政治与美国贸易政策变迁》，《美国研究》2007 年第 3 期。

[34] 吴洪敏、陈崇仁：《国际政治经济学视阈下的民族国家与市场经济》，《经济问题探索》2015 年第 7 期。

[35] 伍抱一、伍山林：《美国关税政策变迁的政治经济学——恩格斯第二阶段关税思想研究》，《政治经济学研究》2020 年第 1 期。

[36] 魏浩、涂治玲：《布什政府可能改变保守性贸易政策的动因分析》，《现代财经》2005 年第 6 期。

[37] 王晓飞：《简析小布什执政时期的中美关系》，《内蒙古民族大学学报》（社会科学版）2010 年第 1 期。

[38] 王正毅：《国际政治经济学 50 年：现实变革、议题设定与理论创新》，《国际观察》2021 年第 1 期。

[39] 徐秀军：《中国国际政治经济学发展的时代背景与理论命题》，《金融博览》2020 年第 10 期。

[40] 徐秀军：《新时代中国国际政治经济学：一项研究议程》，《世界经

济与政治》2020 年第 7 期。

[41] 刑予青:《全球价值链与遗漏的美国出口》,《世界经济文汇》2018 年第 10 期。

[42] 易文彬:《国家与市场关系的历史考察:国际政治经济学视角》,《河南大学学报》(社会科学版)2012 年第 1 期。

[43] 杨冬雪:《国家与市场:国际政治经济学的观点》,《世界经济与政治》1997 年第 9 期。

[44] 杨攻研、刘洪钟:《政治关系、经济权力与贸易往来:来自东亚的证据》,《世界经济与政治》2015 年第 12 期。

[45] 杨原、曹玮:《大国无战争、功能分异与两极体系下的大国共治》,《世界经济与政治》2015 年第 8 期。

[46] 杨烨、罗鹏部:《论国际关系研究的经济学视角》,《教学与研究》2004 年第 2 期。

[47] 杨达洲:《经济制裁与美国政府的外交》,《和平与发展》1998 年第 1 期。

[48] 严云山:《恩格斯论美国的保护关税制度及当代启示》,《贵州社会科学》2020 年第 11 期。

[49] 袁鹏:《奥巴马政府对华政策走向与中美关系前景》,《外交评论》2009 年第 1 期。

[50] 余万里、肖河:《奥巴马第一任期的中美关系》,《国际经济评论》2014 年第 5 期。

[51] 朱颖：《从历史视角看美国贸易政策的本质》，《国际商务（对外经济贸易大学学报）》2007 年第 1 期。

[52] 朱必俊：《21 世纪美国外贸政策走向及我们的对策》，《贵州师范大学学报》2000 年第 1 期。

[53] 张丽娟：《美国贸易政策的逻辑》，《美国研究》2016 年第 2 期。

[54] 张丽娟、郭若楠：《美国农产品出口贸易及其影响因素评析》，《长安大学学报》（社会科学版）2020 年第 2 期。

[55] 张宇燕、王正毅、杨光斌：《笔谈：金融危机十年来的世界政治变迁》，《世界政治研究》2019 年第 1 期。

[56] 张业亮：《"极化"的美国政治：神话还是现实？》，《美国研究》2008 年第 3 期。

[57] 张林宏：《美国全球战略的源起和流变》，《学海》2002 年第 5 期。

[58] 张建新、王雪婷：《苏珊·斯特兰奇的国际政治经济学思想及其理论启示》，《复旦国际关系评论》2016 年第 1 期。

[59] 周佰成、曹启：《世界贸易格局的变迁：从多边强式竞争到联盟弱式垄断》，《求是学刊》2020 年第 7 期。

[60] 周俊：《美国 TPA 法案表决的政治经济学分析》，《国际贸易问题》2017 年第 5 期。

[61] 周淼：《马克思主义国际政治经济学的发展与成熟：列宁帝国主义理论再认识》，《世界社会主义研究》2017 年第 2 期。

[62] 赵茜：《马克思恩格斯的国际贸易政策思想及其当代启示》，《社会

主义研究》2021 年第 2 期。

[63] 郑亦深:《马克思主义理论逻辑在国际政治经济学中的价值分析》,《中共南宁市委党校学报》2021 年第 10 期。

四、学位论文类

[1] 陈俊杰：《国际政治经济学范式论》，东北财经大学 2011 年博士学位论文。

[2] 陈雨丹：《从关税法案演变看美国对外贸易政策（1816—1861）》，黑龙江大学 2021 年博士学位论文。

[3] 陈晓晓：《日美贸易战中日本的应对措施研究》，华中师范大学 2020 年硕士学位论文。

[4] 常华丽：《美国贸易法"301 条款"应对研究》，河南大学 2020 年硕士学位论文。

[5] 车明：《贸易政策不确定性及其宏观经济效应研究》，四川大学 2021 年博士学位论文。

[6] 董从光：《数字贸易规则对国际贸易发展影响研究》，北京邮电大学 2021 年硕士学位论文。

[7] 高思：《马克思恩格斯经济全球化思想研究》，辽宁大学 2020 年博士学位论文。

[8] 郭若楠：《增加值贸易视角下美国贸易逆差的实证研究——基于 GVCs 分工地位及关税效应的考察》，山东大学 2020 年博士学位论文。

[9] 何帆：《全球化时代的对外政策》，中国社会科学院研究生院 2000 年博士学位论文。

[10] 姜伟：《广场协议的国际政治及经济学分析》，山东大学 2009 年硕士学位论文。

[11] 李珍：《美国服务贸易出口潜力及影响因素研究》，河北大学 2020 年硕士学位论文。

[12] 马俊平：《吉尔平〈国际关系的政治经济学〉评析》，解放军外国语学院 2001 年硕士学位论文。

[13] 苏晓晨：《美国对外服务贸易发展研究》，延边大学 2017 年硕士学位论文。

[14] 薛亚梅：《罗伯特·吉尔平的国际政治经济学理论研究》，华中师范大学 2008 年博士学位论文。

[15] 杨伟娜：《解析美国贸易政策决策体系》，上海国际问题研究所 2008 年硕士学位论文。

[16] 徐佳：《对国际政治经济学中的"霸权稳定论"的阐释与评判》，吉林大学 2007 年硕士学位论文。

[17] 杨冬梅：《马克思国际分工理论研究》，安徽财经大学 2021 年硕士学位论文。

[18] 张莹：《马克思批判资本主义自由贸易思想研究》，河北大学 2021

年硕士学位论文。

[19] 周学森:《外商直接投资与发展中国家利益的国际政治经济学分析》,复旦大学 2012 年博士学位论文。

五、外文文献类

[1]Andrew J.Pierre.The *Transfers and American Foreign Policy*. New York: New York University Press,1979.

[2]Baldwin, Richard and Patrick Low.*Multilateralizing Regionalism:Challenges for the Global Trading System*.London:Cambridge University Press,2009.

[3]Joan Spero.The *Politics of International Economic Relations*.New York:St.Martin's Press,1985.

[4]John Tschetter. "Exports Support American Jobs:Updated Measure Will Quantify Progress as Global Economy Recovers", International Trade Research Report,2010.

[5]Jackson,John Howard.The *World Trading System:Law and Policy of International Economic Relations*. Cambridge, MA: MIT Press,1997.

[6]Oliver.K James.*Foreign Policy Making and the American Political System*.Baltimore:Johns Hopkins University Press,1983.

[7]Robert Keohane.*After Hegemony*：*Cooperation and Discord in the*

World Political Economy.Princeton:Princeton University Press,1984.

[8]Susan Strange.*State and Market*.London,Printer Publisher,Ltd.,1994.

[9]Winslett,Gary."Public Opinion Distribution and Party Competition in US Trade Policy".*The World Economy*,Vol.39, Issue8, 2016.

六、参考网站

[1] 凤凰网：http://www.ifeng.com

[2] 美国国会网：http://www.house.gov

[3] 美国国务院网：http://www.state.gov

[4] 新华网：http://www.xinhuanet.com/

[5] 新浪网：https://www.sina.com.cn/

[6] 新加坡联合早报网：http://www.zaobao.com

[7] 中华人民共和国商务部网：http://www.mofcom.gov.cn

[8] 中华人民共和国外交部网：https://www.fmprc.gov.cn/web/

后记

本书是在我的硕士学位论文的基础上经过大量修改而成的。

2005 年，我独自一人来到上海，凭着自己的努力和运气，从一名本科生晋升为研究生。求学于美丽的华东师范大学，学习喜欢的国际关系专业，生活在繁华的大都市上海，那时的我感到无比的光荣和自豪。

之前的硕士学位论文可以算是对我研究生三年学习成果的一个检验和总结。感谢我的硕导杨烨教授。攻读硕士学位的三年期间，杨老师渊博的知识体系、崇高的敬业精神、严谨的治学态度以及无微不至的关心爱护，不断地激励着我在治学、事业和做人的道路上砥砺前行。撰写硕士学位论文的过程中，从论文选题、框架设计、观点斟酌到文字修饰，无不凝结着杨老师的心血。

尽管 2008 年 8 月参加工作后，我没有从事国际关系方面的工作，但作为国际关系的天生爱好者，我始终热爱这个专业，一直关注着这方面的研究动态，经常思考国际关系问题并偶尔写一些文章自娱自乐。2021 年，我决定将 13 年前的硕士学位论文翻出来，修改完善公开出版。半年来，我对原有硕士学位论文的框架结构、主要内容等进行了大幅度修改，特别是加入了最新的相关资料和学界的研究成果。应该说，该书的顺利出版完成了我多年的心愿,圆了我一个梦,也是对我一直以来关注国际关系问题的一个有力回报。

　　由于本人学术研究能力有限,再加上时间比较仓促,本书难免会有一些疏漏之处,请各位专家学者批评指正,使本书研究结论更趋完善。

邓安能

2022 年 3 月 31 日